1.ª edición: 2024
3.ª impresión: 2025

© Edelsa, S. A. Madrid, 2024
© Autoras: Rosa M.ª Pérez, Leonor Quintana

Equipo editorial
Coordinación editorial: Mila Bodas
Edición: Pilar Justo
Diseño de cubierta: Carolina García
Maquetación interior: Estudio GRAFIMARQUE, S. L.
Corrección: Carlos Miranda de las Heras
Locución y edición de audio: Alta Frecuencia y Bendito Sonido
Las locuciones en las que aparecen personajes famosos son adaptaciones de entrevistas reales.
Sin embargo, las voces son interpretadas por actores.

ISBN: 978-84-9081-877-0
Depósito legal: M-2940-2024

PAPEL DE FIBRA
CERTIFICADO

TRANSCRIPCIONES

EXAMEN 1

Pista 1. Tarea 1, p.18

Los idiomas en el mundo laboral

Desde las décadas finales del siglo XX y en los años ya transcurridos del actual siglo XXI, el mundo laboral ha evolucionado constantemente. Esta transformación es consecuencia de las características que definen el actual modelo social y económico: avance tecnológico de los sistemas de información y comunicación e internacionalización del proceso de producción, dos aspectos clave que conllevan la globalización de los mercados de trabajo y la creciente movilidad laboral.

Imaginemos brevemente una tópica línea *cronológica* en la creación y producción de un nuevo modelo de calzado deportivo. El producto, solicitado por una empresa con sede en París, tal vez haya estado diseñado en una ciudad del noroeste de España. La compañía, para su comercialización internacional, bien pudiera tener un centro logístico en los Países Bajos que recibe desde la factoría del norte de Italia el producto acabado y listo para su distribución. En este imaginario producto, por añadirle entidades lingüísticas que colaboran en la producción, las colas y los tintes podrían proceder de alguna empresa alemana del sector químico, y la piel, de empresas de curtido con sede en Marrakech. En este recorrido ya hemos puesto en contacto personas con diversos idiomas maternos: francés, español, italiano, holandés, alemán, árabe, y con un idioma vehicular común, que indudablemente sería el inglés. Pero, además, la empresa decide realizar una importante campaña de publicidad, para lo cual qué mejor lugar para filmar el anuncio de televisión que una selva tropical de Indonesia.

En el ejemplo que se expone queda patente la importancia del estudio y conocimiento de un segundo idioma para garantizar la mejora en la competitividad de las empresas, la necesidad de la coordinación de los procesos industriales y la participación y posicionamiento de todo tipo de compañías en los mercados internacionales.

En las candidaturas a nuevos empleos y en la presentación de los *curriculum vitae* de los aspirantes, el conocimiento de una segunda lengua acostumbra a ser uno de los puntos determinantes de la decisión. Cada día son más solicitados, junto con la presentación del *curriculum vitae*, los certificados de competencias lingüísticas, documentos oficiales que acreditan el nivel de idiomas que posee una persona.

Previo al ámbito laboral, cabe citar también la necesidad del conocimiento de un segundo idioma en el ámbito académico universitario. Del mismo modo, es necesario para profundizar en el estudio de cualquier materia, y ya no solo en las que tradicionalmente se utilizaba el inglés, tales como Ingeniería, Telecomunicaciones, Medicina, Arquitectura, Economía, Dirección y Administración de Empresas, Turismo y Restauración, etc., sino en las de ámbito humanístico y cultural.

El abanico de las denominadas *nuevas profesiones* es muy amplio, y también en ellas se hace patente la necesidad de conocimiento de una segunda lengua. Qué mejor atención a la inmigración proveniente del norte de África que una persona con conocimientos de árabe y de francés, que pueda comunicarse y entender las necesidades de estos grupos que llegan a un territorio o a un país del que desconocen su lengua, sus costumbres, sus instituciones, etc. En estos casos, el conocimiento de una segunda lengua vuelve a convertirse en el elemento *diferencial* que antes mencionaba.

Haber residido un tiempo en un país extranjero y aprender su lengua supone tener una mentalidad más abierta, más creativa, más preparada también para afrontar nuevos retos, supone una mayor disponibilidad de recursos para afrontar situaciones complejas por la sencilla razón de que saber otro idioma es, la mayoría de las veces, el primer paso para entender el universo cultural de las personas con quienes nos relacionamos.

Adaptado de www.educaweb.com

Conversación 1

Abuela: ¿Qué tal, Jaime? ¿Cómo le ha ido al niño en su primer día de colegio?

Padre: ¡Ah, muy bien! Le ha costado un poco levantarse, pero ha ido muy contento y no ha llorado nada. Como ya estaba acostumbrado a ir a la guardería, pues…

Abuela: ¡Pobre! Creo que los enviáis demasiado pronto. Siendo tan pequeños deberían estar en casa y al cuidado de su madre hasta los cinco años, por lo menos.

Padre: Mamá, eso era antes, cuando las madres no trabajaban y éramos más hermanos y siempre había alguien con quien jugar. Pero ahora no es así. Además, hay que reconocer que lo bueno de la educación preescolar es que los niños aprenden a sociabilizar con otros niños.

Abuela: Tonterías. Eso son excusas. ¿Quién va a educar a un niño mejor que sus padres?

Padre: Mira, los expertos en educación dicen que los niños deben estar escolarizados a la edad de tres años.

Abuela: Sí, claro, por eso luego son tan problemáticos y hay tanto fracaso escolar como dicen.

Padre: Mira, mamá, vamos a dejarlo. Su madre y yo pensamos que es lo mejor para él.

Abuela: Haced lo que queráis, que para eso sois sus padres, pero el niño estaría mucho mejor en casa. Ya os dije que yo me ofrecía a cuidarlo por las mañanas.

Padre: Sí, viendo la tele todo el rato…

Abuela: ¿Qué quieres decir con eso? Que sepas que yo os enseñé a ti y a tus hermanos a leer y a escribir antes de que fuerais al colegio.

Padre: No te enfades, mamá, pero la vida ha cambiado mucho y no se trata solo de eso. En el colegio aprenden también otras cosas: se relacionan, comparten, fomentan su creatividad, mejoran su movilidad jugando.

Abuela: ¡Bah! Lo que pasa es que ahora las parejas tienen pocos hijos. Antes todo eso y más se hacía con los hermanitos.

Padre: Puede que tengas razón. No lo sé, pero ahora no se puede educar a un niño como en el siglo pasado. Además, Laura no puede permitirse dejar el trabajo.

Abuela: Pobrecitos míos. Vaya futuro les espera.

Conversación 2

Mujer: Hola, buenas tardes.

Hombre: Buenas tardes. ¿En qué puedo ayudarla?

Mujer: Buscaba un libro para regalar a un joven por su cumpleaños.

Hombre: ¿Y qué tipo de libros le gustan? ¿De aventuras, de viajes, biografías? Acabamos de recibir la obra completa de García Lorca en edición juvenil y con fantásticas ilustraciones, si quiere verla…

Mujer: ¡Uy! Me temo que la poesía… Creo que preferiría algo más actual.

Hombre: A ver. Sí, creo que tengo lo que busca. Mire, aquí lo tiene, *La hora del vampiro*, de Stephen King. Está teniendo muchísimo éxito.

Mujer: No, no. Nada de novelas de terror con vampiros y animales que se desangran, no. ¡Qué horror! Todas esas me parecen un rollo.

Hombre: Quizá prefiera algo de intriga y de suspense, algo tipo novela policíaca. Veamos, ¿qué le parece esta?

Mujer: ¿A ver? *El príncipe de la niebla,* de Carlos Ruiz Zafón. Puede ser interesante, pero no la conozco. ¿De qué trata?

Hombre: Pues verá, es la primera novela que escribió para jóvenes y fue un rotundo éxito. Obtuvo además el Premio Edebé y se ha traducido a muchos idiomas.

Mujer: Ya, pero ¿cuál es el argumento del libro?

Hombre: Ya hace que lo leí, pero recuerdo que trata de una familia que durante la II Guerra Mundial se traslada de lugar huyendo de la guerra y se instala en una nueva casa que perteneció a una rica familia cuyo único hijo murió ahogado en extrañas circunstancias. La novela está llena de intriga y su desenlace es sorprendente.

Mujer: ¿Y usted cree que le gustará?

Hombre: Seguro que sí. Hemos vendido muchísimos ejemplares y, casi todos, a gente joven.

Mujer: Pues genial. Creo que me lo llevo. ¿Me lo envuelve para regalo, por favor?

Hombre: ¡Cómo no!

Mujer: Oiga, ¿y si ya lo tiene? ¿Podría cambiarlo?

Hombre: Sí, claro, siempre que traiga el comprobante de compra y no haya abierto el precinto.

Mujer: Muy amable. Muchas gracias.

Hombre: Aquí tiene. Gracias a usted.

Conversación 3

Hombre: Consultoría Tu vocación, ¿en qué podemos ayudarle?

Mujer: Mire, tengo una hija de 17 años y este año acaba los estudios. Dice que quiere seguir estudiando, pero, cuando le pregunto qué quiere hacer, cada día me responde una cosa diferente.

Hombre: Eso es normal. A esas edades pocos son los jóvenes que han descubierto su verdadera vocación. Por eso estamos nosotros aquí, para ayudar a las familias y a los propios interesados en una decisión tan importante para su futuro.

Mujer: ¿Y en qué consiste ese test que anuncian?

Hombre: Pues verá. El test se divide en tres etapas o pasos: el primero es de autoconocimiento a través del cual se ven los intereses, habilidades y aspectos de la personalidad de los jóvenes relacionados con las profesiones, el segundo es para descubrir su auténtica vocación y un tercero de evaluación de carreras para que sepan qué exigencias van a encontrar.

Mujer: Ya, comprendo… ¿Y tendría que realizarlo en sus oficinas? Pregunto porque vivimos lejos y no sé si…

Hombre: Lo que prefiera. Si tiene un ordenador con conexión a Internet en casa, le proporcionaremos una clave de acceso a nuestra plataforma una vez que haya formalizado la matrícula.

Mujer: Ya. ¿Y no hay ninguna entrevista personal? No sé… Me parece muy despersonalizado… No sé si una máquina…

Hombre: No, no, verá, hacer este tipo de cosas *on-line* es por su propia comodidad. Tenga en cuenta que muchas personas, como usted ha dicho antes, no tienen ni tiempo ni modo de trasladarse a nuestras instalaciones. Lo que sí que le digo es que, una vez que nuestro equipo de expertos haya elaborado el informe en base al test, le enviaremos los resultados y convocaremos a su hija a una entrevista personal. Ah, y por supuesto, atenderemos por teléfono a todas las dudas y consultas que puedan surgir… Si quiere, me va dando sus datos para…

Mujer: Eh, bien… Mire, voy a hablarlo primero con mi marido y con mi hija y les volveré a llamar.

Hombre: Sin problema. Cuando quiera, y ya sabe dónde estamos. Muchas gracias por su interés.

Conversación 4

Mujer: Buenos días.

Hombre: Hola. Vengo a matricularme en primero de Derecho.

Mujer: ¿Ha traído toda la documentación?

Hombre: Creo que sí, a ver, el impreso de matrícula cumplimentado y el justificante de pago del banco, una fotocopia de mi DNI, fotocopia compulsada de los resultados de la prueba de acceso y las fotos.

Mujer: Sí, bien. Está todo… Mire, en las fotos, tiene que escribir su nombre y apellidos al dorso. ¿Este otro documento?

Hombre: Es la fotocopia compulsada del título de familia numerosa. He leído en su página web que si somos familia numerosa podemos beneficiarnos de una reducción en el precio de matrícula. ¿No es así?

Mujer: Efectivamente.

Hombre: No sé si estoy equivocado, pero también he leído que no puedo matricularme de asignaturas sueltas.

Mujer: No. En primero es obligatorio matricularse del curso completo.

Hombre: Una pregunta: ¿Sabe usted si es posible hacer dos carreras al mismo tiempo?

Mujer: Sí, si es posible, pero solo se puede solicitar en septiembre adjuntando la certificación de tener aprobado el primer curso completo de los estudios que esté realizando en ese momento. ¡Ah! Y solo se le permite simultanear estudios siempre que haya plazas libres.

Hombre: Bueno, entonces al año que viene.

Mujer: Veo que no ha abonado las tasas por el seguro médico.

Hombre: No, es que no lo quiero.

Mujer: Lo siento, pero es obligatorio.

Hombre: ¿Y no puedo pagarlo aquí en secretaría?

Mujer: No, no se puede. Tiene que realizar un ingreso en efectivo en una de estas entidades bancarias y traer después el resguardo. Lo mismo que con la matrícula.

Hombre: Vale. Muchas gracias. Voy a ver si me da tiempo a hacerlo ahora mismo y volver aquí antes de que cierren.

Mujer: Adiós. Y recuerde que cerramos a la una y media.

Pista 3. Tarea 3, p. 20

La educación imaginativa (acento mexicano)

Entrevistador: Buenas tardes a todos y todas. Hoy nos acompaña Adriana Grimaldo, experta en promover la educación imaginativa. Adriana, si hablamos de educación imaginativa, podríamos pensar que es algo para los niños. ¿Qué hay de verdad en ello?

Adriana: Buenas tardes a todos. Para responder a esa primera pregunta, tenemos que saber que la imaginación tiene cinco fases que se desarrollan a lo largo de la vida: la somática, la mítica, la romántica, la teórica y la creativa. Y hasta la edad adulta no se tienen acumuladas esas cinco fases. Por lo que, cuantos más años se tienen, mayor es el potencial para imaginar.
El cometido de la educación imaginativa es que conozcamos cómo funcionan esas cinco fases para poder educarlas. Veamos, cuando somos bebés, estamos en la fase somática, eso significa que imaginamos desde el cuerpo. Por ejemplo, un bebé, que aún no habla, se comunica fabulosamente usando los gestos, los sentidos, las sensaciones… En todo eso se manifiesta la imaginación. Más tarde, cuando empieza a hablar, desarrolla la imaginación mítica, cuya característica especial es que contiene mucha fantasía, mucha libertad mental, muchas historias...

Entrevistador: ¿Y eso se acaba en la adolescencia?

Adriana: Cambia, porque el adolescente vive en la imaginación romántica, es decir, en la fase tres, y necesita pasar por un duelo cuando descubre que el mundo no es lo que pensaba. La mente de la imaginación romántica va saltando entre el duelo del pasado y el augurio de un futuro muy distinto. Se imagina cómo será su futuro desde una mente sumamente egocéntrica, porque cree que sus experiencias son la realidad.
La cuarta fase, la teórico-filosófica, se da ya en una mente que ha reposado. Avanza desde la imaginación del cuerpo, trae las fantasías de la infancia, pasa por las experiencias de la adolescencia y está buscando callarse, porque ha entendido que no lo va a poder saber todo. Empieza a teorizar, a hacerse preguntas.

Entrevistador: ¿Y dónde busca las respuestas?

Adriana: En los libros, en las conversaciones, fuera de sí misma. Es una imaginación más nutrida, una mente que se ha abierto a buscar respuestas, porque sus experiencias no son suficientes.

Entrevistador: Es interesante esa idea de que la mente busca callarse, ¿no?

Adriana: Verás. La persona más imaginativa es la que ha sabido callar, porque ha escuchado lo que imagina el otro y ha sumado a su propio imaginario algo del imaginario de ese otro. Es la quinta fase de la imaginación adulta, la fase creativa. Es una imaginación más elevada, porque está llena de referentes externos a la propia mente. Al ser mucho más serena, es mucho más creativa.

Entrevistador: En el caso de los adultos, ¿podemos afirmar que los hay sin imaginación?

Adriana: En absoluto. Neurológicamente eso no es posible. Ahora lo que hay es una imaginación más educada. Por ejemplo, quienes residimos en Ciudad de México, que como todos saben es una zona donde se producen muchos terremotos, al oír una alarma sísmica salimos corriendo y lo hacemos porque nuestro cuerpo, desde el inconsciente, imagina el peligro. La imaginación es un mecanismo que tenemos también para sobrevivir.

Entrevistador: ¿Qué pueden hacer los adultos que piensan que no tienen nuevas ideas, que su imaginación se ha agotado?

Adriana: Abrirse a los otros. Salir del egocentrismo, que es un auténtico veneno para la imaginación, porque nuestro referente somos nosotros y nuestro mundo mental nada más. Y eso es tristísimo.
La imaginación, desde la teoría de Kieran Egan, habla mucho de la empatía, de la comunicación con el otro, del desarrollo de las habilidades sociales para mejorar tu propia imaginación.

Entrevistador: Y el que está en su sillón sentado, con la imaginación bloqueada, ¿qué puede hacer?

Adriana: Mover el cuerpo, porque la imaginación somática siempre tiene mucho que ver. El movimiento físico ayuda definitivamente a desarrollar las ideas, la creatividad. ¡Conversa, amplía tus referentes, sal al mundo!

Imagínate que tienes una casa de cinco habitaciones y cuando llegas del trabajo solo vas a la cocina, y luego pasas la tarde sentado en el mismo sillón de siempre, y al final del día te vas a dormir a la misma habitación pequeña, sin moverte por el resto de la casa… Si la casa es tu imaginación, no la estás ocupando.

Pues eso es lo mismo. Como adultos, nos quedamos en un rinconcito de nuestra casa, y ahí nos pasamos la vida. Pero si tenemos una imaginación educada, vamos a ocupar toda la casa, y seremos más creativos, e incluso más empáticos y entenderemos mejor la vida y el mundo. Y para educar nuestra imaginación, hay muchas herramientas: juegos, metáforas, historias, chistes y todo lo que recrea la vida mental de la infancia y la adolescencia.

Entrevistador: Interesante…

Adaptado de https://www.bbc.com

Pista 4. Tarea 4, p. 21

DIÁLOGO 1
– ¡Luisa! Me dijo tu hermana que estabas con el tema de la oposición. ¿Qué? ¿Has aprobado?
– ¡No me hables! Después de tanto esfuerzo, nada más sentarme, me quedé en blanco.

DIÁLOGO 2
– ¡Hola, Alberto! ¿Cómo vas? ¿Al final has podido estudiar todo el temario? Era larguísimo.
– La verdad es que me he quemado las pestañas, Pepe. Ni te cuento.

DIÁLOGO 3
– Marina, ¿al final te presentaste al examen de Lingüística? Es que yo, en esta convocatoria, no he podido. ¿Tú lo hiciste? ¿Cómo era?
– ¡Qué mala suerte! La verdad es que estuvo chupado. Algo impensable.

DIÁLOGO 4
– Perdona, Inés, es que ayer no pude venir porque tenía que resolver un asunto. ¿Qué dijo el profe? ¿Algo importante?
– Pues nada, al final de la clase nos dio las notas y nos avisó de que no nos durmiéramos en los laureles porque junio estaba ahí mismo.

DIÁLOGO 5
– Rocío, ¿sabes si han salido ya las notas de Física? Creo que las iban a publicar en la web de instituto, pero no he entrado todavía.
– Sí, sí. Las colgaron ayer mismo y ¡tengo matrícula de honor!

DIÁLOGO 6
– Jo, todavía no entiendo cómo Gema ha podido sacar esa nota después de todo.
– Sí, yo tampoco. Me dijo que se lo sabía al dedillo y ya ves.

DIÁLOGO 7
– Bueno, Fermín, lo tuyo es increíble. ¿Cómo se te ocurrió sacar la chuleta? ¿No recuerdas qué le pasó a Jorge por hacer lo mismo en Biología?
– Pero, María, ¿todavía no te has enterado de que *el melenas* siempre hace la vista gorda?

DIÁLOGO 8
– ¡Qué morro tienen algunos! Sobre todo los de la clase de Miguel.
– Es verdad, Miguel me ha dicho que se ha sacado el curso sin dar palo al agua.

DIÁLOGO 9
– ¡Vaya! Parece que al final tenemos profe nuevo en Dibujo Técnico. Creo que esta mañana, a primera hora, le ha dado clase a Bea.
– Sí. He hablado con ella y me ha dicho que es de los que les gusta que le hagan la pelota. Así que…

DIÁLOGO 10
– ¡Hola, Neus! ¿Te pasa algo? Te he visto esta mañana hablando con el tutor de vuestro grupo.
– Sí, me ha llamado a su despacho para decirme que no me puedo pasar las clases en las nubes.

Pista 5. Tarea 1, p. 22

Repensar la educación desde la diferencia

La educación o *paideia* se enfrenta en estos tiempos a un profundo proceso de transformación en el que se evidencia la presencia de nuevos referentes socioeducativos vinculados a los modos de realización de la cultura que ponen en tela de juicio el discurso educativo en relación a sus objetivos, fines y estrategias.

De acuerdo con este argumento, las prácticas pedagógicas generan una inquietante sensación de fracaso y, en consecuencia, el hecho de plantear la necesidad de un nuevo pensamiento pedagógico es evidenciar que en el campo educativo hay «verdades cuestionables». Es la idea misma de educación lo que se está cuestionando. Hoy en día, las verdades que consolidaron el pensamiento educativo en la modernidad se tambalean para dar paso a nuevos discursos e interpretaciones del hecho educativo. Preguntar por la escuela y el discurso pedagógico supone interrogar, también, al sujeto pedagógico. Preguntas como: ¿Quién educa? ¿Qué se enseña? ¿Para qué se educa? ¿Quién aprende? o ¿Qué se aprende?, parecen emerger como las interrogantes que toman por asalto el acto de educar, buscando otros sentidos, otros modos de pensar más allá de lo aprendido.

Asistimos a una brecha entre lo que se enseña en el espacio escolar y lo que parece reclamar la sociedad o la cultura de nuestro tiempo. Hay un desfase entre los saberes que se producen en la escuela y los que se requieren en un mundo competitivo, globalizado y cada vez más fragmentado. La modernidad trajo consigo un discurso centrado en la racionalidad del pensamiento para dominar la naturaleza, alcanzar el progreso y el goce de la felicidad. Era configurar al hombre nuevo y a la escuela como epicentro de todos los saberes. Sin embargo, hoy se instala otro orden en el que ya no se tienen certezas. Se diluyen las categorías asumidas como verdaderas y se cuestionan los discursos tradicionales para analizar la enseñanza como problema. Esto es *problematizar* la enseñanza. La escuela convirtió el proceso de enseñanza en un acto mecánico, vertical y unidireccional, en el que «yo enseño y otro aprende»; una relación de causa-efecto de enseñanza-aprendizaje traducido en una educación intencional; en un camino de ida y vuelta donde todo es previsible, controlable y evaluable en el que no parece haber sorpresas o imprevistos, en una suerte de poder hegemónico de quien controla los saberes o cree que lo hace.

Para Skliar (2006), en cambio, es plantear una educación no intencional como «la acción en la que, en principio, nada se conoce, nada se pretende ni se busca. Es aprender a perderse en una ciudad como quien se pierde en un bosque» y profundiza en su argumento, diciendo que «es una educación en la que el *yo* ha depuesto su soberanía; es una educación ética en la que el *yo* es absolutamente responsable del otro». Además de enfatizar que cada acto de educar deberá pensarse como un acto de conversación. Una conversación de diferencias que posibilita que el otro nos perturbe, nos altere, nos sorprenda. Es *un estar entre nosotros* como condición primaria de la existencia humana en la que hay, al mismo tiempo, proximidad y distancia, pero se crea un espacio para la conversación, para el encuentro con el otro, en un acto de acogida y de reconocimiento. Es una educación entendida como un *don* y no como la herencia que debe ser preservada sin modificaciones o alteraciones, custodiada sin preguntas, inamovible, fiel e inexorable.

Adaptado de www.cultura-sorda

EXAMEN 2

Pista 6. Tarea 1, p. 40

Sentido del humor y salud

Efectivamente, voy a hablar sobre el sentido del humor. Es un tema que, la verdad, tiene una cierta complicación a la hora de contarse y es que la mayoría de las personas, cuando ven un título como puede ser el de hoy: *Sentido del humor y salud*, piensan: «Qué bien, esto puede ser muy interesante…, a lo mejor incluso para mi salud me podría venir bien». Pero hay otro aliciente, hay otra motivación y es la siguiente: «A lo mejor me voy a reír, a lo mejor esto puede ser divertido».

Hombre, la verdad es que espero que nos riamos, pero si vamos a hacerlo, y como no soy cómico, pues no va a depender enteramente de mí, sino también de todas y todos los que estamos aquí. Como somos muchos, yo creo que esto puede funcionar muy bien. ¿Saben que la risa funciona también por contagio?

Bien, en primer lugar me gustaría decirles que, aunque pueda parecer lo contrario, aún no se ha constatado científicamente que el sentido del humor se esté perdiendo en España o en el mundo, pero hay una serie de tendencias que me hacen sospechar que esto es así. La primera es lo que yo llamo *el drama de las noticias*. Saben que, ahora, en nuestro mundo globalizado y tecnológico, pues, tenemos diferentes medios de comunicación a través de los que nos podemos enterar, casi en tiempo real, de lo último que ha sucedido en casi cualquier parte. Y, claro, eso es maravilloso. Tenemos las radios, los periódicos, la televisión, Internet y estamos rodeados de estos informativos de actualidad. Pero, si nos fijamos, lo que nos dan como actualidad o lo que se ve en periódicos que se titulan *El País*, *El Mundo* ¿es realidad? ¿Es el país lo que nos están dando?... Pues hay que decir que no, que lo que nos están dando, en realidad, es una visión muy sesgada del país o de la realidad, de la actualidad. Lo que cuentan las noticias siempre es lo peor: los asesinatos, las guerras, los fuegos, las inundaciones, los tsunamis, las bombas, los conflictos, etc.

Ahora bien, lo que sí está constatado son los beneficios del buen humor para la salud y de esto quería hablar un poco ahora. En primer lugar, un dato que Norman Cousins encontró en su propia experiencia y que, como acabo de decir, sí se ha constatado, es que la risa es un analgésico natural. Otro de los efectos más que constatados de la risa es que es una de las mejores maneras de reducir el estrés. ¿No les ha pasado nunca? Seguro que pueden dar fe de que han vivido una experiencia parecida. Es decir, al reírnos, nos relajamos y no solo nos sentimos más relajados, sino que fisiológicamente se puede medir el efecto que tiene la risa sobre el cuerpo. Sabemos, también, que el estrés está asociado a toda una serie de dolencias, desde los resfriados, la diabetes, los problemas de corazón, la artritis, e incluso ciertos tipos de cáncer, con lo cual tenemos una prueba de la relación indirecta que existe entre la risa, el humor y la salud. Hay que decir, también, que aún no tenemos pruebas de que la gente que ríe más o que tiene mejor sentido del humor esté más sana; es verdad que aún no tenemos esos datos, pero puede que se descubra algún día. De lo que sí tenemos pruebas suficientes es de que, por ejemplo, la gente que es más optimista vive más y tiene mejor salud, o al menos se siente más satisfecha con su salud y se siente más sana, lo cual no es poco. Esto sí que está constatado.

Adaptado de www.servicios.elcorreo.com

Pista 7. Tarea 2, p. 41

Conversación 1

Mujer: Hola, buenas, mire, es que hace días que siento cierta molestia en la garganta, me pica bastante y tengo tos. Querría algo que me aliviara un poco porque me paso la noche en vela por la tos.

Hombre: ¿Tiene usted diabetes?

Mujer: Pues… no. ¿Por qué?

Hombre: Verá, es que este jarabe es un remedio homeopático para el tratamiento de la tos asociada a los problemas en las vías respiratorias y se vende sin receta médica. Es antitusivo, expectorante y mucolítico y todos sus componentes son naturales, pero está contraindicado para los diabéticos por su alto contenido en azúcar.

Mujer: ¿Un jarabe con componentes naturales? ¿Es nuevo? ¿A qué sabe?

Hombre: Pues aquí pone que contiene extractos de anís y tomillo y miel. Calma la tos y ablanda las mucosidades producidas en los bronquios.

Mujer: ¿Y cuánto tengo que tomar?

Hombre: A ver qué dice el prospecto… Sí, aquí, posología. Indica que hay que tomar una cucharada sopera cada seis horas durante un semana. Puede usar el vasito dosificador que viene en el envase. Dice además que se conserva muy bien a temperatura ambiente. Lo que sí que debe hacer es agitar el frasco antes de ingerirlo. De todos modos, si ve que la tos persiste o que sube la fiebre, debería ir al médico.

Mujer: ¿Y seguro que no tiene otras contraindicaciones? Es que ya tomo un montón de pastillas para la tensión y las varices…

Hombre: No, no. Al menos eso pone aquí. Lo que sí que le digo es que no es tan drástico como los que contienen codeína que, como sabe, puede generar dependencia y por eso solo se venden por prescripción médica.

Mujer: Ya, claro. Bueno, pues entonces este. Oiga, ¿se toma antes o después de las comidas?

Hombre: Eso según vea usted, pero le aconsejo que lo haga siempre a las mismas horas y así lo recuerda más fácilmente. Lo mejor es que empiece esta noche mismo.

Mujer: Así lo haré. Muchas gracias.

Conversación 2

Mujer: Buenos días, siéntese. Usted dirá.

Hombre: Buenos días. Vengo a ver los resultados de la analítica que me mandó hace un par de semanas y también porque desde hace unos días siento dificultad al respirar, como si no me entrase suficiente aire en los pulmones. No me había pasado nunca y, de repente, el otro día, me lo noté.

Mujer: Ya. Veamos primero el problema respiratorio. ¿Hace usted algo de ejercicio? Me refiero a si practica algún tipo de deporte o hace algún esfuerzo fuera de lo normal.

Hombre: Bueno, suelo salir a correr un par de veces o tres por semana, pero nada más.

Mujer: ¿Nota que empeoran esos síntomas al correr?

Hombre: Sí, sí, y al subir las escaleras… Es como si no pudiera más. Estoy un poco asustado. Espero que no sea nada grave porque coger ahora una baja…

Mujer: En principio no creo que haya nada de lo que preocuparse. Pero para asegurarnos y descartar cualquier cosa, voy a auscultarlo. Siéntese en esa camilla y desabróchese la camisa, por favor. Muy bien, ahora, cuando le diga, respire profundamente tomando el aire por la nariz y expulsándolo por la boca… otra vez… Gracias, ya puede vestirse.

Hombre: ¿Y bien?

Mujer: Pues no encuentro nada fuera de lo normal. Dígame, ¿no estará pasando usted una época de ansiedad o estrés?

Hombre: Pues ahora que lo dice. En el trabajo van a hacer recortes de plantilla.

Mujer: Ya. Bueno, los resultados de los análisis son perfectamente normales. Tiene el hierro un poquitín bajo, pero no es alarmante. Por lo demás, no encuentro nada patológico. Tampoco tiene problemas de tensión. Creo que es tan solo un tema de ansiedad. ¿Descansa lo suficiente?

Hombre: No creo. Me cuesta mucho conciliar el sueño y por las mañanas me levanto como si no hubiera dormido en toda la noche.

Mujer: Podría recetarle un somnífero, pero es mejor que consiga usted relajarse con métodos naturales. Le aconsejo que haga cenas ligeras y al menos dos horas antes de acostarse y no haga grandes esfuerzos ni físicos ni mentales antes de ir a la cama. Y no se preocupe tanto, que goza de muy buena salud.

Hombre: Lo intentaré. Gracias, doctora.

Conversación 3

Hombre: Buenos días. Estaba considerando la posibilidad de hacerme un seguro de vida y querría que me informaran sobre los productos que ofrecen.

Mujer: Excelente idea. Es esencial un buen asesoramiento antes de tomar una decisión así. Dígame, ¿tiene familia o personas que dependan económicamente de usted?

Hombre: Pues sí. Estoy casado y mi mujer no trabaja desde que tuvimos a nuestro segundo hijo. Tenemos dos niños de corta edad.

Mujer: En ese caso, le conviene un seguro de vida riesgo cuya finalidad es la protección de la familia en caso de fallecimiento por cualquier causa (enfermedad o accidente) del asegurado, es decir, usted. Según esta opción, el asegurador estaría obligado a pagar a los beneficiarios que usted especifique en la póliza una cierta suma a cambio de la cuota que ha ido abonando. Así, los beneficiarios podrán evitar la pérdida de los ingresos que usted proveía para ellos.

Hombre: Ya. Entiendo, entonces el seguro sería como parte de la herencia.

Mujer: Efectivamente. Lo primero que debe pensar es cuánto cree que necesitaría su familia para poder vivir cómodamente, porque esta decisión repercutirá en el importe de las cuotas que debería abonar.

Hombre: Sí. Eso es importante.

Mujer: Mire, las primas se pueden pagar de manera vitalicia, es decir, hasta el momento de la muerte, o de manera temporal, en la que el pago de las primas se realiza por un periodo determinado (20 o 30 años), pero la cobertura del seguro se extiende hasta que se produzca el fallecimiento.

Hombre: Ya veo.

Mujer: Por otro lado debería pensar si desea solo cobertura en caso de fallecimiento, accidente o enfermedad grave o si también quiere crear un fondo de inversión para su jubilación o para pagar la universidad de sus hijos.

Hombre: Pues, la verdad, todavía no me lo he planteado, pero me preocupa que mi familia no disponga de los medios necesarios para subsistir y hacer frente a los gastos.

Mujer: Otra cosa en la que no pensamos es en los gastos que conlleva un funeral y que tendrían que ser afrontados por su familia. Para evitarles sumar mayores males puede incluir en su póliza los gastos funerarios y los del entierro. Para hacerse una idea…

Hombre: ¿Sabe qué le digo? Mejor me lo pienso con calma y ya volveré otro día… Adiós.

Conversación 4

Hombre: Piscina municipal, ¿dígame?

Mujer: Buenas. Quería saber qué tengo que hacer para apuntar a mis hijos a las clases de natación.

Hombre: La inscripción la puede hacer *on-line* o venir directamente aquí. ¿Son socios? Porque en ese caso, las clases son gratuitas para niños hasta 14 años.

Mujer: Pues la verdad es que llevamos bastantes años ya en el barrio, pero no lo somos. ¿Podría decirme cómo hacerse socio?

Hombre: Si residen en este municipio no tienen más que traer una foto de cada miembro que desea hacerse socio y un certificado médico. En caso de tener hijos menores de 14 años, tiene que hacerse un carné familiar que sirve para ambos cónyuges y todos los hijos hasta esa edad. Y se paga una cuota mínima semestralmente.

Mujer: Estupendo. ¿Y qué equipamiento van a necesitar los niños?

Hombre: Pues traje de baño deportivo, gorro de silicona o látex, sandalias, toallas y también es recomendable que tengan tapones para los oídos.

Mujer: ¿Y qué actividades hay para los mayores?

Hombre: Contamos con profesores de Educación Física y monitores que guían las rutinas de ejercicios de aquagym. Ya sabe que el agua es el medio más propicio para realizar trabajos físicos sin grandes esfuerzos y que el cuerpo pierde gran parte de su peso en este medio.

Mujer: Interesante, porque mi marido tiene problemas de columna… ¿Cuándo puedo pasar para hacer la inscripción?

Hombre: La secretaría está abierta por las mañanas, de lunes a viernes, hasta las 15:00 h, pero las instalaciones funcionan hasta las 21:00 h incluidos los sábados.

Mujer: Muy bien. Muchísimas gracias.

Pista 8. Tarea 3, p. 42

Músicos y salud

Entrevistadora: El tema de hoy es la salud en los músicos y contamos para ello con Tomás Martín, profesor de percusión y percusionista ,además de osteópata especializado en el tratamiento de las lesiones en los músicos. Bienvenido a nuestro programa, Tomás.

En primer lugar, dinos, ¿cómo llegaste a ejercer la doble faceta de músico y terapeuta?

T. Martín: Yo era un músico normal que estudió percusión, pero a los dieciocho años me lesioné el antebrazo y la mano izquierda y tuve que dejar de tocar durante un año. Tras muchas vueltas (fui a traumatólogos, hice rehabilitación, etc.), me encontraba igual, sin poder tocar absolutamente nada. Ya a punto de dejar la profesión, encontré un osteópata y en unas tres semanas me recuperé hasta tocar con normalidad. Después de pasar por todo eso, decidí tratar a otros músicos.

Entrevistadora: ¿Crees que hay relación entre la técnica y las lesiones?

T. Martín: Muchos piensan que los músicos se lesionan porque tocan mal, pero si fuera así, solo se lesionarían los músicos que tienen mala técnica, y eso no es verdad. El problema, en realidad, viene porque se sobrepasa el límite fisiológico o no se siguen las pautas adecuadas para evitar lesiones.

Entrevistadora: Has hablado de la importancia de la prevención, ¿qué rutinas referentes a ella se deberían seguir?

T. Martín: Calentamiento previo, siempre, a las sesiones de estudio y descanso. Los descansos tienen que ser cronometrados, 40/50 minutos de música y 10 de paro automático, sin irse al ordenador, ni a la consola, ni hacer absolutamente nada con las manos. Si te apetece puedes estirar, beber un vaso de agua o hidratarte o simplemente descansar.

Entrevistadora: ¿Cuál es el máximo de horas diarias que recomiendas tocar, por ejemplo, a un estudiante de grado superior o a un profesional?

T. Martín: Depende de la persona, pero normalmente entre seis y siete horas como mucho.

Entrevistadora: Uf… Dedicar tantas horas a tocar, además del agotamiento que ello conlleva, suele dejar poco tiempo para otras actividades, ¿no crees?, entre ellas el deporte. ¿La forma física en general influye y qué tipo de actividad física es más aconsejable?

T. Martín: Pues correr, nadar... siempre recomiendo a mis pacientes que vayan al gimnasio al menos una vez a la semana para fortalecer la musculatura. Unos músculos y tendones fuertes son más resistentes a las lesiones, por eso hacer alguna actividad física, además de tocar, es importantísimo. La alimentación también es fundamental.

Entrevistadora: ¿Hay algún deporte que, por otro lado, no sea recomendable?

T. Martín: Hombre, por ejemplo, en el caso de los pianistas e instrumentistas de cuerda, el tenis no es lo más recomendable ya que haces que los músculos flexores y extensores, que trabajan continuamente, lo hagan aún más.

Entrevistadora: Todo lo relacionado con mantener una buena postura ante un instrumento también es fundamental. En este sentido, ¿yoga, técnica Alexander y otras disciplinas relacionadas son adecuadas?

T. Martín: ¡Todas las técnicas que trabajan el equilibrio entre mente y cuerpo son muy recomendables y saludables para tomar conciencia de nuestro cuerpo, de qué tensiones tenemos y de cómo eliminarlas, pero una vez que uno ya está curado de la enfermedad o lesión que pudiera tener, porque ese tipo de disciplinas no curan si uno tiene una patología.

Entrevistadora: Cuando uno tiene un problema y acude al médico le suelen mandar reposo y antiinflamatorios. ¿Es eficaz este tratamiento?

T. Martín: Bueno, si ha sido o es una lesión leve, producida de forma puntual, el descanso sí que cura (siempre que descanses un par de días), pero si se trata de una lesión más severa no te va a hacer nada absolutamente.

Entrevistadora: Entonces, ¿cuáles son los síntomas realmente preocupantes para decir «tengo que ir al médico o dejar de tocar»? Porque esto ya no es una cosa puntual.

T. Martín: Si es algo puntual, normalmente descansas esa tarde o un día y al día siguiente al volver a tocar te deja de doler. Pero si dura más días significa que la lesión es más grave y si se mantiene en el tiempo, significa que el cuerpo no ha podido solucionarlo, entonces se empieza a cronificar. Cuando la lesión es permanente significa que es una lesión seria y tienes que parar e intentar solucionarlo. Pero en general, parar de tocar, a no ser que sea algo muy, muy grave y que el dolor te impida tocar, no lo recomiendo nunca; se debería tocar un poquito para no perder masa muscular y no perder agilidad.

Entrevistadora: Nos queda claro. Muchísimas gracias, Tomás, por tu amabilidad al contestar nuestras preguntas. Estamos seguros de que has despejado las dudas de todos nuestros oyentes sobre una cuestión tan importante para los músicos.

Adaptado de www.entre88teclas.es

Pista 9. Tarea 4, p. 43

DIÁLOGO 1
– Uff… Llevo una temporada con unas jaquecas insoportables.
– Yo creo que deberías ir al médico de cabecera.

DIÁLOGO 2
– ¿Qué te ha dicho el dentista, Luis?
– Que tome esto hasta que se me pase el flemón y vuelva a llamar para concertar otra cita.

DIÁLOGO 3
– ¿Cómo está hoy el niño?
– Estoy muy preocupada porque no se le quitan las décimas.

DIÁLOGO 4
– ¿Se te han pasado ya los retortijones con la tisana?
– Sí, por completo. Realmente es mano de santo.

DIÁLOGO 5

– Hace tiempo que no veo al vecino del segundo piso.
– Bueno, es que pasó a mejor vida hace unas semanas.

DIÁLOGO 6

– ¿Qué tal la cena de ayer?
– Pues lo pasamos muy bien, pero ahora tengo un empacho terrible.

DIÁLOGO 7

– ¿Qué quería decirte la profesora, Pedro? ¿Era sobre el examen?
– No, nada. Solamente que tengo letra de médico.

DIÁLOGO 8

– ¿Qué te pasa? ¿Por qué pones esa cara?
– Nada. Es que con el olor que hay aquí me dan arcadas.

DIÁLOGO 9

– ¿Qué tal en el hospital, Merche?
– De las enfermeras no tengo queja, pero la comida es una bazofia.

DIÁLOGO 10

– ¿Te parece bien que nos sentemos aquí para ver la película?
– Mejor vamos más cerca de la pantalla. Soy bastante corta de vista.

PRUEBA 3 | **Expresión, mediación e interacción escritas**

Pista 10. Tarea 1, p. 44

La salud física y mental

Quiero compartir con vosotros brevemente una anécdota de un amigo que es sociólogo, y que estaba haciendo una encuesta epidemiológica sobre la esperanza de vida en un pequeño pueblo; era por la mañana y vio pasar a una señora que él pensó que podía contestar a la siguiente pregunta: «Señora, ¿cuál cree usted que es la esperanza de vida, o mejor dicho, la tasa de mortalidad en esta zona?». La señora pensó unos segundos y luego contestó con convencimiento: «Un muerto por persona».

Efectivamente, esto es así, por cada nacimiento hay una muerte. Nuestros genes prefieren una vida prolífica y activa a una vida interminable, así que al final morimos. Sin embargo, lo que sí ha cambiado y lo que esta iniciativa intenta, y probablemente con gran éxito, en mi opinión, es no solamente alargar la vida, sino añadir vida a los años. No se trata solamente de vivir mucho, sino de vivir bien. Y curiosamente, las mujeres españolas son las que más viven después de las japonesas, ¿lo sabían?

Yo tengo mi propia teoría, que no está comprobada, y tengo que confesar que tampoco está relacionada con el ejercicio. Mi teoría es que la mujer española habla mucho… Tengo un amigo que es cardiólogo y que seguramente a muchos de ustedes les sonará, Valentín Fuster, que cuando habla del corazón y del infarto dice que la dieta es importante y el ejercicio es fundamental, pero que hablar también es bueno para el corazón. Y aunque hoy vamos a hablar del ejercicio y de la dieta, no quiero dejar pasar la importancia que tiene el hablar para el corazón y para el estado de ánimo, y según mi teoría, que como ya les digo, no ha sido comprobada, para alargar la vida, como demuestran las mujeres españolas. Y de hecho, si no tenemos a nadie con quien hablar podemos hablarle al gato, al perro, a la planta…

Permítanme una pequeña prueba. Que levanten la mano todas aquellas personas que en algún momento de su vida han hablado solas en alto. ¡No me lo puedo creer! El 90 % y si a ello sumamos a los tímidos, el 95. Muy bien, muy sano. Entonces, ya hemos descubierto y hemos demostrado que hablar es bueno, incluso cuando hablamos solos.

Ahora hablemos sobre el tema del ejercicio. Para mí es un honor compartir esta tribuna con expertos como el doctor Blair, que realmente son las personas que saben científicamente del efecto del ejercicio en nuestro cuerpo. Yo, como psiquiatra, puedo deciros que hay una enorme cantidad de estudios científicos y también de estudios clínicos y anecdóticos que demuestran que la actividad física regular es un buen remedio y un buen preventivo para la depresión. Esto sí está demostrado. Y la depresión, en mi opinión, es una de las peores enfermedades que podemos sufrir porque nos roba la esperanza.

El ejercicio, un ejercicio regular y razonable (entre 20 y 30 minutos, cuatro o cinco días a la semana sería suficiente), nos ayuda a superar y vencer el estrés; hay una palabra que se utiliza en inglés desde hace bastante tiempo, pero no tanto en castellano, que es *resiliencia*. La resiliencia es la mezcla de resistencia a la adversidad, pero también la capacidad de superar la adversidad y aprender y salir beneficiados de una situación adversa. En el fondo es lo que sentencia el dicho chino: «No solamente hay que luchar ante esta adversidad que supone la crisis; hay que encontrar la oportunidad en la crisis para crecer».

El ejercicio –unido a la alimentación, naturalmente– es muy útil a la hora de luchar contra la depresión, contra la ansiedad, contra el estrés…, y como hemos visto, también las personas activas alargan su vida, tienen una autoestima superior, que es cómo nos valoramos a nosotros mismos. No les voy a hacer la pregunta porque es algo muy personal, pero podrían pensar, por un momento, ¿cómo se valoran del cero al diez como personas?

Está demostrado que cuando ejercitamos, lo que en psicología llamamos *las funciones ejecutivas*, el autocontrol, la tenacidad, la fuerza de voluntad, donde entran las actividades saludables, como es el ejercicio, nuestra autoestima tiende a subir. Tenemos suficientes pruebas científicas para demostrar que el ejercicio regular, moderado al que hay que añadir una dieta adecuada –y yo añadiría hablar, aunque sea solos– alarga y mejora nuestra calidad de vida.

Adaptado de www.foroganasalud.es

EXAMEN 3

PRUEBA 2   **Comprensión auditiva y uso de la lengua**

Pista 11. Tarea 1, p. 62

Equilibrio entre trabajo y vida personal

¿Nunca has contestado un correo de trabajo durante un evento familiar importante o una llamada de tu responsable más directo durante tus vacaciones?

Para muchos de nosotros, yo incluida, nuestros días están llenos de millones de pequeñas interrupciones de todo tipo, incluso en nuestros días libres. ¿Quién no ha recibido alguna vez una llamada estando en la playa, o ha enviado un mensaje de texto a su responsable desde el supermercado, o escrito un correo a un colega mientras estaba de pícnic con la familia o los amigos?

Nos hemos convencido de que este tipo de comportamientos no son gran cosa. Al fin y al cabo, es solo un correo electrónico o un simple mensaje de texto. Sin embargo, estas interrupciones conllevan un costo real. Y es que, aunque estos hechos, en un momento dado, pueden parecer muy pequeños o poco importantes, hay investigaciones que sugieren que juntos suman una pérdida tremenda de tiempo. La constante presencia laboral en nuestras vidas personales puede aumentar nuestro estrés y socavar nuestra felicidad. Entonces, ¿cuál es el costo?

En un estudio reciente, un grupo de investigadores reclutó a padres que visitaban un museo con sus hijos. A algunos padres se les dijo que, durante la visita, podían consultar sus móviles. Al resto, se les dijo lo contrario. Tras finalizar la visita, les hicieron varias preguntas, y el resultado fue que para aquellos que habían estado pendientes de sus móviles, la experiencia había sido considerablemente menos significativa, y se habían sentido mucho más solos.

Pero, además, este tipo de interrupciones constantes suponen también un costo para las organizaciones, que pierden, anualmente, treinta y dos días de productividad debido a las depresiones de sus empleados que, a menudo, son fruto del estrés y del agotamiento provocados por nuestra cultura de estar siempre activos. Y eso nos pasa a todos. Aún recuerdo que yo misma me he encontrado inmersa en «distracciones laborales urgentes» durante momentos importantes de la vida, como cuando me descubrí enviando un mensaje de texto a un cliente en medio de la primera ecografía de mi primer hijo... Cliente feliz, futura mamá culpable. Cuando sumas todos estos momentos, el total muestra una vida con menor significado, menos alegría y menos conexión e incluso memoria.

A pesar de lo anterior, tenemos la oportunidad de crear una nueva cultura respetuosa con el tiempo, porque disponemos de estrategias inteligentes que podemos seguir para protegerlo mejor. Y la forma de hacer este gran cambio es empezar ahora mismo a dar pequeños pasos. El primero es replantear el descanso. Reflexiona por un momento acerca de lo que piensas cuando escuchas la palabra «descansar». Suena increíble, ¿verdad?

Sin embargo, en mi mente, inmediatamente aparece la preocupación por no ser lo suficientemente productiva o defraudar a mis colegas. Error. Necesitamos encontrar formas para poder disfrutar de nuestro tiempo libre en lugar de verlo como barrera improductiva para nuestro trabajo.

Una estrategia específica que puedes poner en práctica ante este tipo de sentimientos es actuar durante tu próximo fin de semana como si fueran vacaciones. El viernes por la tarde, anota qué harías, cómo te comportarías si estuvieses de vacaciones. A lo mejor, con tu pareja o grupo de amigos compraríais una *pizza* y charlaríais de la vida. Quizás iríais a una sala de conciertos y escucharíais música en vivo. O tal vez daríais una larga caminata a la mitad del día sin teléfono y sin agenda. El plan no tiene por qué ser caro o extravagante. Otra puede ser crear límites claros para el tiempo libre. En lugar de decir «Estoy fuera de la oficina. Si quieres, puedes contactarme en…», di «Estaré desconectado. Llámame solo si es urgente».

Por último, puedes negociar más tiempo para evitar que el trabajo se filtre en tu vida personal. En la escuela de negocios enseñamos a negociar salarios, por ejemplo, pero casi no hablamos sobre cómo negociar más tiempo. ¿Cómo es esto en la práctica? Pues se puede pedir más tiempo en plazos ajustables en el trabajo. Por ejemplo, alguien te pide un informe para el lunes por la mañana, pide una prórroga hasta el martes, para evitar trabajar durante tu merecido fin de semana. Y no te preocupes demasiado por la reputación. La calidad es verdaderamente lo que más importa. Según mis datos, muchos empleados que proactivamente pidieron más tiempo reportaron niveles más bajos de estrés y agotamiento, y fueron vistos como más comprometidos y profesionales por sus compañeros.

Estos son cambios pequeños, pero poderosos no solo para replantear el descanso, sino para recuperarlo. Una vez que descubras el profundo impacto que estos cambios pueden tener, te sentirás con la fuerza suficiente para exigir que los demás respeten y ajusten su enfoque al tiempo. Tal vez, incluso, se sientan inspirados también para reconstruir los momentos rotos de sus vidas.

Adaptado de www.ted.com

Pista 12. Tarea 2, p. 63

Conversación 1
Hombre: ¿María? Soy Marcos. Oye, te llamo porque quería que me informaras sobre un tema laboral, y como tú llevas esos asuntos en tu empresa...
Mujer: Sí, dime.
Hombre: Mi mujer y yo vamos a cambiar nuestro lugar de residencia por causa de mi trabajo. Esto supone que ella tiene que dejar su actual puesto en la empresa donde trabaja. Y por otro lado, está embarazada de cuatro meses.
Mujer: ¿En serio? ¿Y a dónde os vais?
Hombre: Pues a Bilbao. Estamos allí abriendo mercado. Tengo un amigo que me anima a ir para allá. Él está muy bien situado y me echará una mano al principio para conocer clientes y demás.
Mujer: Entiendo.
Hombre: Y lo que quería saber es si mi mujer tiene derecho a cobrar el paro.
Mujer: ¿Cuántos años lleva trabajando?
Hombre: Pues en septiembre hace cinco años.
Mujer: Bueno, para cobrar el paro tiene que tener cubierto un periodo mínimo de cotización de 360 días dentro de los seis años anteriores a la situación legal de desempleo. De todas formas, también deberíais mirar lo del periodo de baja maternal.
Hombre: Sí, claro.
Mujer: Lo mejor es que os acerquéis a una oficina del Instituto Nacional de Empleo, con una nómina suya. Allí os darán todos los datos, cuántos meses le corresponden, la cantidad, la forma de cobro, etc. Pero, espera, ¿dices que va a dejar de trabajar de manera voluntaria, porque os marcháis?
Hombre: Sí.
Mujer: Pues me parece que en ese caso no tiene derecho a paro. Ya te dirán allí.
Hombre: ¡Ah! Pues nos pasaremos la semana que viene. Gracias por todo y recuerdos a Luis.

Conversación 2
Hombre: Mira, Juana, aquí hay un anuncio interesante para cubrir varios puestos de relaciones públicas en Valencia.

Mujer: ¿Qué piden?

Hombre: Tener el bachillerato. ¿Por qué no mandas el currículum? Nunca se sabe.

Mujer: No sé, no sé. ¿Qué ofrecen?

Hombre: Dice: «Incorporación inmediata, sueldo inicial sobre 1500 euros brutos más incentivos».

Mujer: ¿Dice algo del tipo de contrato?

Hombre: ¿A ver? Sí, dice: «Tres meses de prueba y contrato indefinido».

Mujer: Jornada completa, ¿no?

Hombre: Eso es.

Mujer: Ya, bueno, es que prefiero algo a media jornada, así podría seguir estudiando y acabar la carrera.

Hombre: A ver, mira, aquí hay otro. Este es para dependienta de una cadena de moda joven. Dice: «Se necesita personal joven con buena presencia, carácter abierto, aptitudes comerciales y responsable. Incorporación inmediata».

Mujer: Y en ese, ¿cuáles serían los requisitos?

Hombre: Pues conocimientos básicos en ofimática e Internet, además de permiso de conducir y vehículo propio.

Mujer: ¡Genial! No tengo coche. Nada, hoy no es mi día.

Hombre: No te desanimes, mujer, seguro que encuentras algo. Yo seguiré buscando y, si veo algo, te digo.

Mujer: Muchas gracias, eres un sol.

Conversación 3

Hombre: Buenos días, ¿en qué puedo ayudarla?

Mujer: Hola, quería informarme sobre un tema relacionado con las interinidades.

Hombre: Dígame.

Mujer: A ver, yo pertenezco al cuerpo de maestros de primaria y en las pasadas oposiciones no obtuve plaza fija, pero estoy la tercera en la lista de interinos, así que supongo que me llamarán en julio, pero si la vacante que me ofrecen fuera a tiempo parcial o estuviera muy lejos de mi domicilio, ¿estaría obligada a aceptarla?

Hombre: Ya sabe que al rechazar la vacante no podrá trabajar hasta que vuelva a sacar plaza en las siguientes convocatorias. Sin embargo, ningún interino está obligado a aceptar una plaza a tiempo parcial, itinerante o que suponga compartir centro en distintas localidades.

Mujer: Es que me parece increíble que tengamos que aceptar cualquier puesto de trabajo, aunque sea a 300 kilómetros del domicilio. En fin, en ese caso, ¿tendría derecho a cobrar la prestación por desempleo?

Hombre: Sí, siempre y cuando haya cotizado un mínimo de 360 días dentro de los seis años anteriores a la situación legal de desempleo. De todas formas, al rechazar un contrato, aunque no haya sido ofrecido por el INEM, podría considerarse una situación de no desempleo y quizás pudiera tener problemas para cobrar el subsidio. Lo mejor es que vaya al INEM a consultarlo.

Mujer: Tiene razón, será lo mejor. Pues, muchas gracias, que tenga un buen día.

Conversación 4

Hombre: Oye, Matilde, tú que eres abogada, te quería preguntar una cosa.

Mujer: Claro, dime.

Hombre: Pues verás, se trata de mi hermano. Resulta que tiene 24 años y lleva tres años y medio trabajando en una librería. Ahora el dueño la traspasa.

Mujer: Vaya por Dios.

Hombre: Pues sí, y es una verdadera pena, porque el negocio iba muy bien, está muy bien situada, muy céntrica, y el dueño actual es una bellísima persona.

Mujer: Y entonces, ¿por qué la traspasa?

Hombre: Se jubila y quiere dedicarse a viajar y hacer todas esas cosas que no ha hecho de joven.

Mujer: Entiendo.

Hombre: Y resulta que ahora mi hermano no sabe si quedarse o no con los nuevos propietarios.

Mujer: ¿Es que ha encontrado algo mejor?

Hombre: No, todavía no, pero dice que no terminan de caerle muy bien. Parecen muy exigentes y poco comprensivos. Mi hermano no es una persona muy práctica, es muy impulsivo, ¿sabes? Yo estoy intentando convencerlo de que no actúe a la ligera, pero no sé qué va a hacer. Entonces lo que quiere saber es qué derechos tiene si le ofrecen continuar con ellos.

Mujer: Pues tienen que respetarle por entero sus condiciones laborales, pero tu hermano no tiene derecho a rescindir el contrato con finiquito ni paro.

Hombre: Vaya. Bueno, gracias, se lo diré, a ver qué decide al final.

Mujer: Ya me contarás.

Pista 13. Tarea 3, p. 64

Ser intérprete en el Circo del Sol

Entrevistador: Díganos, Mayra, ¿cómo se realiza la selección de los intérpretes en el Circo del Sol? ¿Con qué criterios?

Mayra: Por lo general, a los interesados en trabajar en el circo se les pide que vayan a la web y completen el formulario de búsqueda de empleo en la categoría que solicitan. El circo busca, ante todo, gente profesional que tenga un buen manejo de los idiomas y con mucha sensatez, porque el trabajo es muy diferente al que se hace en otros lugares. Es importante ser una persona abierta, flexible, dispuesta a aceptar los cambios constantes que se producen durante el trabajo.

Entrevistador: ¿Con cuántas lenguas trabaja cada intérprete?

Mayra: Normalmente, con dos. Puede que alguno trabaje con tres para dos artistas de origen diferente, pero es muy esporádico. En la creación de un espectáculo pueden trabajar hasta cinco intérpretes con combinaciones de lenguas diferentes: ruso, japonés, portugués, español y francés. La lengua de comunicación con todos es el inglés, pero en caso de que un artista no lo hable cuando empieza a trabajar allí, deberá tomar clases, ya que una vez que se termine una creación o el artista se integre en un espectáculo, no tendrá servicio de interpretación.

Entrevistador: ¿Cuál es exactamente el papel del intérprete en el circo? ¿En qué aspectos se manifiesta vuestra labor, además del lingüístico?

Mayra: Es ante todo acompañar al artista desde su llegada a la sede del circo, porque son muchas las cosas que tiene que entender y asimilar. Además, le orientamos en el laberinto de cosas que debe hacer a su llegada: rellenar los papeles del seguro y de los impuestos (con la consiguiente explicación), firmar el contrato, pasar una prueba médica, tomarse medidas para la ropa y el calzado, etc. Los artistas aprovechan también para hacernos preguntas de toda índole, como dónde comprar cosas que necesitan, qué hacer los fines de semana, etc. A veces, nos toca hacer de confidentes, sobre todo en momentos de tensión o de frustración, ya que en general hay una buena relación entre el artista y el intérprete. Por eso mismo somos los primeros en saber si algo les pasa y, según la circunstancia, hablamos con el encargado de la formación. Recuerdo que un artista tenía un familiar muy enfermo en su país de origen. Ninguno lo sabíamos, pero lo notábamos triste y ausente, lo que constituía un peligro potencial para su trabajo, pues consistía en saltar de un columpio en movimiento a otro. Su intérprete se lo comunicó a los responsables de personal en cuanto se enteró, y le dieron varios días libres para que pudiera viajar a su país.

Entrevistador: Teniendo en cuenta lo que has contado de vuestra importante labor, ¿hay algún otro aspecto que valores de manera especialmente positiva en el trabajo? ¿Alguno que lamentar?

Mayra: Bueno. Es un trabajo serio, pero informal la mayor parte del tiempo. Lo importante es que la comunicación no se interrumpa, así que cuando una palabra no te viene enseguida a la mente, tienes la posibilidad de explicar o pedir explicaciones, aclarar lo que no entiendes, etc., pero, eso sí, hay que estar muy alerta, porque se puede pasar de interpretar algo muy general a algo muy técnico, o estar sin interpretar y de repente tener que traducir durante un buen rato. Lo que me gusta es que no hay espacio para el aburrimiento, sobre todo cuando se interpreta para un payaso. Es difícil hacerlo cuando tienes ganas de reír con algo que ha dicho, pero, como todos los de alrededor se ríen, resulta más fácil. Por eso digo que es serio, pero informal.

Entrevistador: Antes de concluir, ¿podrías contarnos alguna anécdota que te haya ocurrido en estos años en el circo? Seguro que tienes muchas.

Mayra: A ver..., sí. En una ocasión tuve que interpretar por teléfono a un artista que nunca quería hablar sin que su esposa estuviese con él. Casi todo se lo preguntaba a ella. Era una situación tensa para todos, porque frenaba las negociaciones. Entonces, cuando empecé a trabajar en este proyecto y observé el mismo comportamiento, me di cuenta de que era analfabeto y la esposa lo ayudaba con los documentos. Cuando el equipo entendió lo que pasaba, la tensión bajó y se pudo negociar su contrato.

Entrevistador: Muy interesante. Al escucharte, no queda duda de que el intérprete de circo debe tener a punto muchas habilidades, y no solo intelectuales. Muchas gracias por tu testimonio.

Adaptado de https://revistas.uva.es

Pista 14. Tarea 4, p. 65

DIÁLOGO 1
– Oye, Pepe, ¿qué tal el concurso?
– Fatal. Yo tenía más nota en el examen, pero han cogido a otro por tener más formación.

DIÁLOGO 2
– ¿Qué tal, Mario? ¿Cómo va tu mujer? ¿Tiene algo ya?
– ¡Qué va! Y en un par de meses deja de percibir lo del paro.

DIÁLOGO 3
– ¡Carmen! Hija, cuánto tiempo. Ayer le pregunté a tu hermano, pero no supo decirme si al final te presentaste a aquella entrevista.
– Ya me imagino porque la acabé enseguida. No cumplía ni con el requisito de formación ni con el de los idiomas.

DIÁLOGO 4
– He estado hablando con los del grupo de senderismo y tienen varias propuestas para el puente. Dicen que prefieren Cazorla. ¿Te animas a venir? Yo creo que me apunto.
– Claro, como no tienes que currar…

DIÁLOGO 5
– Vaya faena, Ángel, se ha roto el desagüe del fregadero y no encuentro a nadie que quiera o pueda venir a casa.
– Yo conozco a un chapuzas muy bueno. Si quieres, te doy su teléfono y le dices que llamas de mi parte.

DIÁLOGO 6
– Jaime, no sé si te apetecerá planteártelo, pero aquí hay un anuncio que podría interesarte. Dice que buscan a alguien con alto nivel en aplicaciones informáticas.
– Déjame ver qué es, porque de ese tipo de ofertas hay muchas, pero luego leyendo la letra pequeña…

DIÁLOGO 7
– No puedo más, todos los días lo mismo. Te digo que el año que próximo hago como Inés.
– ¿Inés? ¿La que me dijiste que se había tomado un año sabático?

DIÁLOGO 8
– ¡No soporto a mi compañero! Está todo el día mano sobre mano.
– Sí, algunas personas se ganan el sueldo sin dar palo al agua.

DIÁLOGO 9
– Gerardo, ya está bien. Deja de ver la tele y arrima el hombro.
– ¡Ya voy!

DIÁLOGO 10
– Jo, Ana, siempre estoy igual. Nunca llego a fin de mes... tengo que hacer algo porque así no puedo seguir.
– Pues no sé, hija, ¿has probado de canguro?

PRUEBA 3   **Expresión, mediación e interacción escritas**

Pista 15. Tarea 1, p. 66

Errores en la entrevista de trabajo
Si es usted de los que piensan que la clave del éxito a la hora de encontrar trabajo es saber venderse bien y pisar fuerte, debería comenzar a actualizar sus esquemas. Y es que, pese a que durante los últimos años se ha considerado que las personalidades dominantes y expansivas tenían ventaja para convencer a los entrevistadores laborales, hoy esa percepción parece haber cambiado radicalmente. Frente a la charlatanería, la prepotencia y el exceso de autoestima se impone la humildad, el rigor y las respuestas inteligentes, pero austeras.

«Algunos candidatos tienden a venderse en exceso en la entrevista, abrumando al entrevistador con una cantidad de datos y palabras, a veces no solicitados. Es mejor responder de forma concisa a las cuestiones formuladas y realizar alguna pregunta inteligente sobre la compañía y el puesto durante la conversación, mostrando un auténtico interés durante la explicación», así indica Carlos Alemany, director general de Korn/Ferry España.

Hablar demasiado se perfila así como el error más común cometido por los aspirantes a un puesto de trabajo durante la entrevista, según la opinión del 36 % de los consultores de Korn/Ferry Internacional. Todos ellos han participado en la novena edición del Executive Recruiter Index trimestral, una encuesta que elabora la firma entre más de doscientos de sus profesionales.

Tras el exceso de palabrería, dos de cada diez encuestados destacan como segundo gran error la falta de conocimiento de los candidatos sobre la empresa o el puesto de trabajo al que aspiran. A ello hay que añadir el exceso de autoestima (16 % de las respuestas) y el exceso de autoconfianza (9 % de los encuestados).

Uno de los capítulos analizados en el trabajo de Korn/Ferry Internacional se refiere al plazo de tiempo que debe darse el candidato a la hora de meditar sobre una oferta de trabajo. Como en los supuestos anteriores, la clave aquí es la moderación. «Seis de cada diez consultores considera que siete días o más es un periodo de tiempo demasiado largo para considerar una oferta formal de trabajo, mientras que el 29 % indicó que ese plazo debe ser inferior», señalan fuentes de la firma.

El informe pone de manifiesto las diferencias regionales que existen en el mundo en torno a cuestiones como la permanencia del candidato en el cargo. Mientras que en América del Norte, Europa, Oriente Medio y África, los expertos cifran en dos años ese plazo mínimo, en América del Sur y Asia-Pacífico se considera que el tiempo imprescindible es exactamente la mitad: un año. En cualquier caso, el abandono del puesto de trabajo antes del transcurso de ese periodo mínimo se debe, según el informe, a diferencias de tipo cultural en el caso de América del Sur y Asia-Pacífico, mientras que el resto de las áreas geográficas las razones apuntadas por los expertos en selección de personal resultan más diversas. Además, en caso de que esos plazos considerados mínimos no fuesen respetados por los candidatos, casi nueve de cada diez consultores coinciden en la conveniencia de revelar ese dato a los entrevistadores de las empresas «y no omitirlo, como ocurre en la mayor parte de las ocasiones».

Asegurarse bien del lugar, de la hora de la entrevista y del nombre y apellido del entrevistador es el primer consejo que debe recordar el aspirante a una entrevista. Los expertos en selección de personal insisten en que la puntualidad se considera la primera tarjeta de visita del candidato. En caso de que haya una circunstancia que impida al aspirante llegar a la hora señalada se debe llamar al entrevistador y advertirle del retraso, dejando claro que se trata de un imprevisto.

La apariencia personal es la segunda baza de que dispone el candidato. La higiene personal y un atuendo correcto, bien planchado y limpio (atención a los zapatos mal cepillados), son detalles importantes que hay que cuidar. Actuar con naturalidad y sencillez, escuchar y responder sin atropellarse ni interrumpir al interlocutor y abstenerse de fumar son otras recomendaciones clásicas para salir airoso de una entrevista de trabajo. También lo son informarse a fondo sobre la empresa y el puesto al que se aspira y no mentir nunca sobre habilidades o experiencia previa.

Adaptado de www.cincodias.com

EXAMEN 4

PRUEBA 2 **Comprensión auditiva y uso de la lengua**

Pista 16. Tarea 1, p. 84

La movilidad urbana

Aunque la crisis climática ya estaba provocando cambios en la movilidad urbana, fue la pandemia ocasionada por el COVID-19 la que aceleró definitivamente el proceso. Por miedo al contagio, a la salud o por mero entretenimiento, lo cierto es que muchas más personas optaron por caminar para realizar los trayectos que antes hacían en coche. En cualquier caso, no debemos olvidar que, aunque a veces vayamos en coche, otras en bici o en cualquier otro medio de transporte, en algún momento todas las personas somos peatones.

Hasta ahora, los vehículos a motor han estado en el centro de la vida de las ciudades, ya que cualquier infraestructura o planificación urbanística se diseñaba en función de si estos medios de transporte privados podían acceder, aparcar o circular. Por eso, poner al peatón en el centro de la movilidad supone un cambio radical de modelo.

Uno de los factores determinantes de este cambio es el envejecimiento de la población. En estos momentos, 9,5 millones de personas en España tienen más de 65 años. Son casi el 20 %. Las previsiones del INE (Instituto Nacional de Estadística) apuntan a que este porcentaje subirá hasta el 32 % en 2050. Y los mayores fundamentalmente caminan. Según el estudio *Envejecer en movimiento*, elaborado por el club automovilístico RACC, el 75 % de los desplazamientos de los mayores catalanes son a pie.

Según Naciones Unidas, el 55 % de la población mundial vive en un entorno urbano (3500 millones de personas). En 2050, llegará al 70 % (5000 millones). Con estos datos, garantizar el dinamismo del transporte público se convierte en algo fundamental para el futuro, tanto por motivos medioambientales como económicos y sociales. Así lo vio también la ONU, y por eso la meta 11.2 de los Objetivos de Desarrollo Sostenible reclama un transporte público «seguro, asequible, accesible y sostenible para todos», con especial atención a los colectivos vulnerables (mujeres, niños, personas con discapacidad y mayores). Sin embargo, la pandemia agrandó el reto, ya que el miedo al contagio, la menor actividad económica (caída del PIB y más paro) y el teletrabajo redujeron la utilización del transporte público.

Los expertos en movilidad señalan que el transporte público debe ser la gran apuesta de las ciudades y que el futuro pasa por una mayor implementación de las nuevas tecnologías. La digitalización permite y permitirá una mejor planificación de rutas y horarios y un incremento de la capacidad y frecuencia de trenes y autobuses, lo que evitará la concentración de usuarios en franjas horarias y en lugares determinados. Estos cambios ya han comenzado en ciudades como Madrid o Barcelona. El pago digital, el billete único o los paneles que informan de los tiempos de espera son algunas de estas novedades.

La movilidad tradicional basada en el concepto de automóvil en propiedad queda atrás, y todo indica que el futuro reserva menos espacio para el vehículo particular. Hoy, cualquier ciudadano puede moverse en coche sin ser su propietario, pues la oferta de servicios de movilidad es variada y todos están al alcance del móvil, y es que la movilidad urbana avanza hacia un nuevo modelo de servicios, donde la tecnología ofrecerá multitud de opciones para moverse en ciudades inteligentes que gestionarán vehículos y espacios de forma eficiente.

Por otro lado, el alquiler de coches compartidos, o *carsharing*, es una de las alternativas actuales al coche particular para moverse por la ciudad, y diferentes empresas que ofrecen este tipo de servicio operan en ciudades como Madrid, Barcelona, Bilbao o Málaga, proporcionando a sus usuarios acceso a un coche eléctrico 24 horas al día, siete días a la semana, pagando por tiempo de uso o por kilómetros recorridos. Prueba de que este servicio se ha convertido en una opción más de movilidad urbana es que la DGT lo incluyera en el Registro de Vehículos en octubre pasado.

Ante una realidad de saturación circulatoria y niveles de polución insostenibles, las urbes se han visto obligadas a tomar cartas en el asunto. Para desahogar sus centros urbanos, muchas han situado aparcamientos disuasorios en sus periferias, cerca de estaciones de tren, metro y bus, facilitando así el salto del transporte privado al público. También hay que destacar las actuaciones de ciudades como Gijón, Oviedo, Valladolid, Murcia o Cartagena, que durante los peores días de polución activan sistemas de restricciones temporales a la circulación para atenuar los efectos de los altos niveles de contaminación del aire.

Por su parte, los fabricantes de coches han puesto en el mercado modelos adaptados para uso urbano, de tamaños y consumos reducidos. Además, las marcas llevan más de una década dedicadas al desarrollo del vehículo conectado, autónomo y electrificado para dar nuevas alternativas de movilidad al usuario. Vehículos que aún deben mejorar sus prestaciones y precios para ser competitivos, pero que gozan de subvenciones para su compra. Todo, por una ciudad más vivible, más sostenible.

Adaptado de https://revista.dgt.es

Conversación 1 (acento peninsular y acento mexicano)
Hombre: Televix, buenos días, ¿en qué puedo ayudarla?
Mujer: Sí, buenos días, quería informarme sobre los pasos que hay que seguir para hacer un traslado de línea telefónica.
Hombre: ¿Solo la línea o…?
Mujer: No, no, también la conexión a Internet.
Hombre: Muy bien, mire, hay dos posibilidades, o bien viniendo a nuestras oficinas y llenando una solicitud, o bien llamando al 1166, donde le pedirán una serie de datos. La llamada es gratis.
Mujer: Mejor por teléfono, ¿no? No parece complicado y la verdad es que no tengo mucho tiempo, y… ¿qué datos tendría que dar?
Hombre: Pues le pedirán el número de contrato, el de identificación fiscal, el domicilio actual y el nuevo domicilio. Le van a hacer unas preguntas sobre los servicios que tiene contratados, como buzón de voz y otros, y le van a informar sobre las ofertas actuales por si desea realizar algún cambio. Lo mejor es que tenga todo preparado, así no habrá interrupciones.
Mujer: Bien, ya he tomado nota. Y una cosa más, ¿cuánto tiempo suele tardar el traslado? Es que necesito usar Internet en casa por el trabajo, ¿sabe?
Hombre: Bueno depende de la colonia, pero no más de cinco días desde que hace la solicitud.
Mujer: Estupendo, parece muy sencillo. Muchas gracias.
Hombre: Gracias a usted, buenos días.

Conversación 2 (acento peninsular y acento argentino)
Mujer: Mira, Ernesto, aquí hay un foro donde hablan de las preferencias entre el BRT o el metro para Buenos Aires. Venga, ¿quieres participar?
Hombre: ¿El BRT? ¡Ah! El Bus Transporte Rápido. Pues si participara diría que es una copia barata de un tranvía moderno.
Mujer: ¿Tú crees? ¿Por qué?
Hombre: Porque para una línea de estas características los tranvías no tienen vibraciones, son veloces, y cuando alcanzan altas velocidades, siguen siendo silenciosos y cómodos.
Mujer: Ya.
Hombre: Por otro lado, son más limpios y contribuyen a la mejora del aspecto de la zona. Además, son mucho más seguros, porque se pueden adaptar a sistemas de señalamiento.
Mujer: Vale, vale, pero creo que no hay que infravalorar a los autobuses o colectivos como decís vosotros. Reconoce que funcionan muy bien en zonas de poco tráfico y poca densidad de población.
Hombre: Sí, es verdad, pero estamos hablando de lo que funciona mejor en Buenos Aires.
Mujer: Yo creo que es un problema de programación. Por ejemplo, en la ciudad brasileña de Curitiba se aplicó con éxito el sistema de buses articulados rápidos, con varias líneas que circulan en línea recta y se entrelazan presentando varias combinaciones.
Hombre: Sí, pero Curitiba es cien veces más chica que Buenos Aires y con avenidas bastante más anchas y menos transitadas. Así cualquiera.
Mujer: Sí, bueno, eso es verdad. Para Buenos Aires lo más aconsejable es el metro.
Hombre: Estamos de acuerdo.

Conversación 3 (acento peninsular y acento argentino)
Mujer: ¿Sí?
Hombre: Hola, buenos días. Estamos realizando una encuesta para el programa de radio *La Tierra es nuestra casa*. ¿Sería tan amable de participar? Solo debe responder a cuatro sencillas preguntas.
Mujer: ¡Uy!, ¿para la radio?, bueno, bueno, adelante. Dígame.
Hombre: Estupendo. A ver, la primera pregunta es: ¿usted contamina?
Mujer: Eh… pues sí, supongo que sí, claro. Como todos, ¿no?
Hombre: Y díganos, ¿por qué lo hace?
Mujer: ¿Que por qué lo hago? Pues no sé, bueno, sí, porque vivo en una ciudad. Y… bueno, no sé cómo podría vivir sin contaminar, aunque suelo pensar en lo que hago para minimizar el impacto y contaminar lo menos posible.

Hombre: ¿Cree que en el futuro las grandes ciudades tendrán un mayor porcentaje de contaminación?

Mujer: Pues no sé, no estoy muy informada, pero supongo que las expectativas de cualquier país o cualquier ciudad, hasta ahora, son crecer más, producir más, y por lo tanto, contaminar más. No es que la expectativa sea contaminar, no, sino la consecuencia. ¿Me entiende?

Hombre: Sí, sí, queda claro. Muy bien, y por último, ¿quiénes cree usted que son los responsables?

Mujer: Pues para mí está claro, yo creo que cada uno de nosotros es responsable del mundo en el que vive, ¿no le parece? En el sentido de que no creo que exista una sola persona que haga todo lo posible por vivir en armonía con su entorno, a no ser las últimas tribus aisladas, si es que queda alguna. Cuanto más desarrollado el país, más responsables son sus habitantes.

Hombre: Muy bien, eso ha sido todo. Muchas gracias por participar, muy amable.

Mujer: De nada, que tenga un buen día.

Conversación 4

Mujer: Consultoría Todo coches, ¿dígame?

Hombre: Hola, buenas tardes, mire, quería hacerle una consulta. Verá, mi tío me quiere regalar su coche, pero es bastante antiguo, entonces quería saber hasta cuándo puede circular un vehículo.

Mujer: Bueno, en principio no hay límite, pero tiene que tener en cuenta que o bien se le han ido efectuando las modificaciones necesarias para que se adapte a la normativa vigente sobre medidas, contaminación, etc., o debe matricularse como vehículo histórico, que es el único modo de que se le permita circular sin cumplir dicha normativa.

Hombre: Ya, ¿y cuáles serían los requisitos para declararlo en esta categoría?

Mujer: Pues una de ellas es que tenga una antigüedad mínima de veinticinco años a partir de la fecha de su fabricación o de su primera matriculación.

Hombre: Ah, vaya, creo que este se matriculó hace veinte solamente.

Mujer: También estarían en esta categoría los vehículos declarados bienes de interés cultural o los que tengan un interés especial por haber sido propiedad de alguna personalidad relevante o por haber intervenido en algún acontecimiento de trascendencia histórica, aunque tengan menos de veinticinco años.

Hombre: Ya, bueno, creo que tampoco es el caso, je, je, je.

Mujer: Pues entonces lo único que queda es que sea un vehículo de colección por sus características, singularidad o circunstancia especial.

Hombre: Mmm… tampoco va a poder ser. Quizá lo mejor sea darlo de baja, porque si no, creo que el seguro me costará bastante.

Mujer: Sí, en ese caso, sí, quizá sea lo mejor.

Hombre: De acuerdo, muchas gracias. Buenas tardes.

Mujer: Adiós, buenas tardes.

Pista 18. Tarea 3, p. 86 (acento peninsular y acento argentino)

Transporte en Santiago de Chile

Entrevistadora: Buenas tardes señoras y señores, hoy contamos con la presencia de Louis de Grange, quien nos comentará su visión como ingeniero y académico especializado en temas de transporte. Louis, la primera cuestión es: ¿Más autopistas o más transporte público?

Louis: Yo soy partidario del metro. Una ciudad del tamaño de Santiago debe mover de manera eficiente a su población. Las autopistas atienden a un tipo de viaje muy especial, pero uno no puede pretender que el transporte de una ciudad se base en autopistas porque no es posible. Sin embargo, podríamos aumentar la red de metro porque no ocupa espacio público, o sea, libera espacios públicos y es capaz de transportar gente de manera muy eficiente. Además, es limpio y, dada la contingencia actual de Transantiago que solo está empeorando y que la evasión es tremendamente alta, este es el momento para hacerlo.

Entrevistadora: En una carta al director que envías al diario *El Mercurio*, señalas que la bicicleta es una alternativa minoritaria en el transporte en Santiago. ¿Qué medios de transporte alternativos considerarías para la ciudad?

Louis: Cuando planificas una ciudad no puedes pretender que la bicicleta cumpla un papel relevante. Siempre va a ser minoritaria. Las ciudades donde el uso de la bicicleta puede llegar al 20 % son ciudades veinte veces más chicas que Santiago, con mucha menos población.

Yo creo que a lo mejor estudiar algunos tranvías o trenes suburbanos en algunas localidades como por ejemplo en Padre Hurtado o Lampa, potenciar más el metro-tren que pasa por San Bernardo e integrar estos trenes urbanos a la red de Santiago pueden ser medidas complementarias que tengan un efecto mayor.

Entrevistadora: ¿Qué pasa con el transporte público en otras regiones?

Louis: Afortunadamente allá el transporte público no es tan dramático como en Santiago porque son ciudades más chicas con soluciones acordes a sus necesidades. O sea, el taxi colectivo en regiones funciona de manera muy eficiente. En esas zonas yo creo que el problema está en los sectores rurales que están más aislados y requieren una conectividad que hoy día no existe.

Entrevistadora: Por otro lado, ¿cómo se debería conciliar el desarrollo de las autopistas urbanas con el tránsito local y las vías de accesibilidad de los barrios?

Louis: Las autopistas urbanas debieran ser diseñadas básicamente para viajes un poco más largos. Sin ellas Santiago probablemente no funcionaría como lo hace hoy en día, pero sí creo que hay que ser un poco más minucioso y riguroso en cuanto al diseño local.

Entrevistadora: ¿Qué puedes decirnos del Vespucio Oriente?

Louis: A la gente le gusta usar el auto y es un reflejo de la mejora de la calidad de vida. Yo creo que es un proyecto necesario y estoy a su favor, el tema es el diseño, que tiene que ser acorde con la movilidad local y de preferencia subterráneo, pero dadas las particularidades del trazado, no se puede pretender que vaya a dieciocho metros de profundidad.

Entrevistador: ¿Qué pasa con la participación público-privada en el desarrollo de las ciudades de la reconstrucción?

Louis: Creo que la participación de las concesiones es fundamental. Mi impresión es que las concesionarias no cumplieron las expectativas que tienen que cumplir luego del terremoto.

Entrevistadora: ¿Qué instrumentos de planificación faltan en Chile para un mejor desarrollo de las ciudades?

Louis: Primero que todo se necesita información de calidad. Información permanente, bases de datos, actualización permanente y una vez que se tiene la información para hacer una planificación correcta, hay que empezar a utilizar metodologías más actualizadas que las que actualmente se están utilizando.

Entrevistadora: Muy bien, muchas gracias, Louis, y hasta pronto.

Adaptado de www.plataformaurbana.cl

Pista 19. Tarea 4, p. 87

DIÁLOGO 1 (acento argentino)
– ¡Qué computadora que se compró Julio! ¡Es un golazo!
– Juan, la verdad es que no creo que sea para tanto, che.

DIÁLOGO 2
– Oye, María, ¿has ido a la conferencia de Ernesto?
– Sí y, aunque llegué un poco tarde, consiguió una vez más ponerme la piel de gallina.

DIÁLOGO 3 (acento argentino)
– ¿Estás leyendo un libro de este científico? Este pibe tiene unas ideas…
– ¿Sí? Bueno, no sé todavía. Te voy a dar mi opinión al terminarlo.

DIÁLOGO 4 (acento argentino)
– ¡Uf! Recién llegué de estar una semana en Túnez, dos en Francia y ahora me voy a Grecia diez días.
– ¡Qué dura la vida del turista! ¿Eh, Julio?

DIÁLOGO 5
– No sé, Julia, ¿qué quieres que te diga? El transporte público en esta ciudad me parece de lo peorcito.
– ¡Y que lo digas!

DIÁLOGO 6 (acento argentino)
– Es que no doy crédito. ¡La de años que habrá estudiado este catedrático, y va y publica eso!
– Sí, Luis, es increíble.

DIÁLOGO 7
– Anda que, con la de dinero que consiguen en subvenciones, ya podrían poner el carril bici.
– Sí, sí... ya podemos esperar sentados.

DIÁLOGO 8

– Oye, Inés, ¿cómo va el proyecto para la beca?
– Pues viento en popa. La semana que viene me lo confirman.

DIÁLOGO 9

– Oye, Matilde, ¿qué te ha parecido la última ponencia?
– Es que a mí esto de hablar así, de un modo tan irrefutable…

DIÁLOGO 10

– ¡Ya está! ¡Hasta aquí hemos llegado! Mañana me cambio de compañía telefónica.
– Pero Pilar, ¿estás segura?

PRUEBA 3 **Expresión, mediación e interacción escritas**

Pista 20. Tarea 1, p. 88

Lenguaje y tecnología: la relación interna

Lo que distingue a una época histórica de otra no es el resultado del trabajo en sí mismo, sino el modo tecnológico mediante el que se obtiene ese resultado. La capacidad de la sociedad para producir mediante esos modos tecnológicos significa la esencia de la diferenciación entre el hombre y los animales.

La relación entre lenguaje y tecnología se puede interpretar desde tres perspectivas diferentes:

1. En el interior del lenguaje. Algunos autores sostienen que la capacidad de producir se desarrolla a través de la creación de utensilios, artefactos, sistemas materiales y tecnológicos, entre los que incluyen el lenguaje y la escritura como su habilidad, y los sistemas de representación icónica. El lenguaje, así, constituye, según esta perspectiva, una forma de actividad tecnológica, con lo cual, la tecnología supondría todo el conjunto de producciones artificiales fabricadas por la humanidad. Los procesos de producción serían el conjunto de maquinarias, personas y recursos necesarios en un sistema sociotécnico y los conocimientos, metodologías, capacidades y destrezas para realizar tareas práctico-productivas.

2. En la formación histórica en relación con la actividad tecnológica. Desde la perspectiva lógico-histórica, la relación lenguaje/tecnología se puede enfocar a partir de la exploración del modo en que, siendo el trabajo la forma de actividad humana por la que se expresa la capacidad tecnológica del hombre, y siendo el lenguaje el proceso asociado en su nacimiento y desarrollo, debe suponerse que las primeras formas que adoptó el último se remiten directamente a las actividades básicas de la producción primitiva humana.

El hombre reproduce mediante signos y símbolos imágenes de la vida cotidiana que representan artefactos, sistemas tecnológicos, formas de la organización social y de la experiencia comunitaria. La transmisión de la experiencia práctica se refiere a la repetición, dada la necesidad de fijación de un mensaje, y construcción abstracta de signos cuyo contenido se corresponde directamente con el proceso de trabajo y de la práctica tecnológica.

La aparición de la escritura, habilidad del hombre alcanzada solo bajo cierto nivel de desarrollo de la vida social, se encuentra directamente ligada a las representaciones que se tienen de las más antiguas actividades tecnológicas: fundición de metales, la invención de la rueda, la utilización del torno.

Y 3. En su dimensión lexicográfica a partir del enriquecimiento del lenguaje. Se pretende extender la idea de que el uso de nuevas voces que se incorporan a una lengua le aportan riqueza. Partiendo de la opinión de Manuel Seco, la lengua se enriquece realmente cuando sus hablantes adquieren la capacidad de hacer uso eficaz de los recursos que esta le ofrece. La riqueza de una lengua se encuentra en la riqueza o pobreza intelectual de sus hablantes, de aquí que entendamos que el propio vocabulario de un idioma no puede ser permanente o inmutable.

En cada momento de la vida del idioma hay palabras que entran en circulación, palabras que están en *rodaje*, palabras que se ponen de moda, palabras que cambian de forma, palabras que cambian de contenido y otras que caen en desuso y acaban por ser olvidadas.

Desde la perspectiva de la integración vertical es posible exponer el caso de un grupo representativo de palabras que, incorporadas al idioma, lo enriquecen, en todos los casos, con independencia del significado que portan y son el resultado de la influencia del uso de términos científicos o tecnológicos en la vida cotidiana, o viceversa.

Adaptado de www.monografias.com

Pista 21. Tarea 1, p. 106

Música y emociones

La música es el motor y el espejo de nuestras emociones. A veces la utilizamos como motor y a veces como espejo. Pero, ¿cuándo la utilizamos como espejo? Pues esos días en los que estás triste, tristísimo, y coges seis cajas de *kleenex* y te sientas con la música más triste de toda tu discoteca porque no quieres parar de llorar en las próximas tres horas. O cuando estás exultante y alegre y te pones una música maravillosa, y te pones a bailar. O lo hacemos al revés, estamos tristes y nos ponemos una música alegre, o lo contrario. ¿Y por qué pasa esto? Porque la música llega a nuestro cerebro a través del sistema límbico, que es donde se administran nuestras emociones, y forma parte de nuestro inconsciente, no de nuestro consciente. El resto de la información que recibimos de otros sentidos, como la vista o el tacto, pasa primero por el consciente para llegar después también al inconsciente. Por eso, al oír una cadencia se nos pone la carne de gallina, porque antes de procesarla con la parte consciente de nuestro cerebro nuestra parte inconsciente ya la ha procesado y ha llegado a la zona de nuestro cerebro donde se administran nuestras emociones. Esto es lo que ha dado origen a la musicoterapia.

De la dicotomía entre qué se hace si se piensa racionalmente o si se siente lleva mucho tiempo hablando la humanidad. ¿Qué pasa cuando está sometido a una fuerte tensión emocional? ¿Somos capaces de pensar racionalmente? Pues parece que no, parece que nos cuesta mucho más pensar racionalmente cuando estamos sometidos a una fuerte tensión emocional, bien sea de pena o bien sea de alegría. Esto lo dijo Pascal de una forma mucho más poética, cuando dijo que: «Hay razones del corazón que la propia razón ignora». Dice que cuando estás enamorado no eres capaz de pensar, o que cuando estás con una pena muy profunda no es el momento de tomar decisiones. Esto la ciencia lo utiliza cada vez más y, por ejemplo, la música la han utilizado con gente de la tercera edad que ha visto mermadas sus facultades cerebrales, o con enfermos de alzhéimer, a los que sentaban a escuchar la misma cantidad de minutos de música agradable como de desagradable. ¿Y por qué? Para trabajar los dos lóbulos de nuestro cerebro; el lóbulo derecho administra las sensaciones agradables y el lóbulo izquierdo las sensaciones desagradables.

Todos tendemos a lo que nos resulta agradable, cómodo y preferimos escuchar lo que ya conocemos, por eso mismo, porque nos resulta agradable, cómodo. De ahí que los compositores actuales lo tengan tan difícil. En nuestra vida hacemos lo mismo: nos asentamos, cada vez nos cuesta más trabajo, a medida que cumplimos años, cambiar o asumir nuevos retos o nuevos desafíos. Y esa otra música desagradable activa también el lóbulo izquierdo del cerebro y te permite asumir estos nuevos retos.

El hecho de que la música llegue directamente a la zona de nuestras emociones se puede entender muy fácilmente si lo trasladamos al lenguaje. El lenguaje es un sonido y, sin embargo, lo procesamos racionalmente. ¿Qué es lo que no procesamos racionalmente? Los tonos de voz. ¿Cuántas veces decimos eso de «me ha dicho una cosa y no me ha gustado el tono en el que me lo ha dicho»? O al revés. ¿Ustedes se han fijado que los españoles somos muy proclives a esto? Vemos a dos amigos que llegan, hace mucho que no se ven y se dirigen el uno al otro una serie de insultos: «¡Pedazo de tal! ¡Qué alegría verte!». Si pusiéramos por escrito lo que se han llamado, la conclusión sería que están al borde de la agresión física…

Decíamos cómo la música nos puede afectar emocionalmente. Uno de los sentimientos que puede provocar la música y que todos reconocemos es el de tristeza, a pesar de la belleza de la música. No tiene nada que ver, puede ser una música extraordinariamente bella y extraordinariamente tranquila, pero puede llegarnos directamente al corazón y sacarnos la parte más melancólica, más triste, que todos llevamos dentro. Yo, como conclusión, diría que la capacidad que tiene para llegar a nuestro corazón es innegable, pero, además de eso, es que nos da belleza. El arte y la cultura creo que sacan lo mejor de nosotros mismos, creo que nos hacen mejores personas, más felices y más libres y, encima, nos lo hacen de forma bella y nos hacen crecer.

Adaptado de www.servicios.elcorreo.com

Conversación 1

Hombre: Conservatorio de música. Dígame…

Mujer: Buenos días. Les llamo porque quería información sobre las clases de música. He leído en su página web que no solo dan clases a los que quieren ser músicos profesionales.

Hombre: Así es. Aunque somos una institución dedicada a la formación de músicos profesionales o estudiantes de nivel superior, también ofrecemos formación de carácter general a través de cursos anuales (de octubre a junio) para todos los que estén interesados en recibir una formación musical.

Mujer: ¿Y cuándo comienzan?

Hombre: En septiembre hay que solicitar la plaza y si es admitida hay que formalizar la matrícula.

Mujer: Ya. Es que un año… No sé. ¿Hay también clases individuales?

Hombre: Sí, hay clases particulares por las mañanas y por las tardes. En estas clases se le enseñará lenguaje musical, si su nivel es inicial, y deberá elegir el instrumento que desea empezar a tocar, cuerda, viento, percusión… también hay también clases de canto a partir de los dieciséis años y talleres de iniciación a la música para los niños.

Mujer: Ya veo. ¿Y qué hay que hacer para matricularse?

Hombre: Tiene usted que traer una fotocopia de su DNI o de la partida de nacimiento si se trata de un menor de edad y una fotografía reciente a color tamaño carné. Puede rellenar *online* el formulario que hay en nuestra página web o venir por aquí, rellenarlo y pagar las tasas correspondientes en la secretaría del conservatorio.

Mujer: ¿Ofrecen algún tipo de beca o ayuda?

Hombre: Sí, pero solo para los alumnos regulares y que se hayan sometido a todas las pruebas de las que consta el proceso de admisión.

Mujer: Ya. Pregunto porque también me gustaría matricular a mi hija.

Hombre: Muy bien. Si es para los cursos superiores tendrá que pasar unas pruebas de acceso y dependerá también de las plazas que queden vacantes en ese curso.

Mujer: Oiga, ¿y cuándo son los exámenes?

Hombre: Los exámenes de admisión se realizan solo una vez al año, durante la tercera semana de septiembre. En nuestra página web o en los folletos que hay aquí en el centro tiene toda la información referente a los distintos niveles, carreras o especialidades que se ofertan. Así pueden hacerse una idea.

Mujer: Sí, eso haré. Muchas gracias por su amabilidad. Seguramente pasaré por ahí.

Hombre: Muy bien. Recuerde que nuestro horario es de 10:00 a 13:30 y de 17:00 a 21:00. Adiós y buenos días.

Mujer: Adiós.

Conversación 2

Mujer: Buenos días, mire, vamos a casarnos el mes que viene y queríamos saber qué servicios ofrecen ustedes sobre reportajes de boda, qué incluyen, precios, etc.

Hombre: ¿Nos conocían ya o es la primera vez?

Mujer: ¿La primera vez que nos casamos? ¡Claro...! No, no, una amiga nos ha recomendado venir aquí porque ustedes les hicieron el reportaje de la boda y quedó muy contenta.

Hombre: Entonces, seguro que ya les ha comentado que llevamos años haciendo reportajes gráficos y que ponemos especial interés en los momentos especiales que se producen antes y durante un día tan señalado en el que es importante captar la felicidad y complicidad que comparten con sus familiares y amigos, por lo que lo más frecuente es concertar una cita en casa de la novia para hacerse fotos con la familia e inmortalizar así los últimos minutos de soltera. Luego, el fotógrafo se desplazaría a la iglesia o al lugar donde se celebre la ceremonia para hacer su reportaje y, si hay una recepción o banquete, también debe darnos las indicaciones con tiempo para poder organizarlo todo y no perder detalle. Ya sabe: la tarta, el baile, los invitados…

Mujer: Sí, sí, eso es exactamente lo que teníamos pensado. Pero ¿cuánto nos va a costar?

Hombre: El reportaje completo: vídeo de los novios antes de la boda, preparativos de la novia, la ceremonia y la celebración… pues alrededor de 3500 €.

Mujer: ¿Tanto?

Hombre: Bueno, es que aparte del vídeo y del álbum tradicional encuadernado con fotografías en papel, les enviamos también cien fotografías de gran calidad en formato electrónico para que conserven sus recuerdos toda la vida.

Mujer: Sí, es una buena idea. Pero ¿usted cree que las fotos digitales son de buena calidad?

Hombre: No lo dude. La fotografía ha avanzado mucho y ya solo utilizamos materiales profesionales que usamos para fotografías artísticas que presentamos a concursos, exposiciones y demás… Si lo desean, también podemos hacer algunas fotos de estudio.

Mujer: Sí, eso estaría bien. Nos gustaría tener algunas de esas retocadas como recuerdo, especialmente para nuestros padres. Gracias por todo, lo pensaremos y le diremos algo.

Hombre: Muy bien y… ¡enhorabuena!

Conversación 3

Hombre: Oye, estaba pensando comprar un cuadro para el salón…

Mujer: Pues sí, yo también pienso que las paredes están demasiado desnudas.

Hombre: Es que el otro día vi uno en una sala de arte moderno que me encantó. Tiene una composición cromática impactante.

Mujer: Ya. ¿Y qué representa?

Hombre: Pues no sabría qué decirte exactamente, pero es de un artista muy renombrado…

Mujer: Mira, José, una cosa es admirar una obra en una sala especialmente iluminada y habilitada para ello y otra muy diferente colgar un lienzo en una pequeña habitación entre un montón de muebles y objetos antiguos.

Hombre: Pues yo no creo que la decoración del cuarto tenga por qué determinar qué cuadro vamos a poner…

Mujer: No, no si a mí también me gusta el arte, pero cuando se trata de un cuadro que vas a estar viendo todos los días de tu vida creo que es mucho mejor algo más tradicional, como un paisaje o un bodegón…

Hombre: ¿Naturalezas muertas? Quita, quita… Prefiero contemplar la pared vacía.

Mujer: Vale. No digo que pongamos un faisán con uvas, pero sí algo más relajante y que no contraste tanto con el resto de la casa. ¿No te gustaba tanto el impresionismo? Podríamos poner algún póster o una reproducción…

Hombre: Ni hablar. Eso es como colocar flores de plástico en un florero. Prefiero que se trate de un original, una obra de arte auténtica, aunque sea de un artista desconocido.

Mujer: Mira, en eso estamos de acuerdo. Pero que sea algo que nos guste a los dos.

Conversación 4

Hombre: Jo, vaya problema. No sé cómo decirles a mis padres que he decidido dejar Derecho y matricularme en Bellas Artes.

Mujer: Te comprendo. A muchos padres les gustaría que sus hijos fueran abogados en lugar de hacer algo que les guste realmente aunque luego las salidas laborales no sean tantas.

Hombre: Especialmente en mi familia. Ya sabes que mis dos abuelos lo eran y mi padre no pudo terminar sus estudios…

Mujer: Pues diles que, en realidad, las salidas profesionales no son tan pocas: puedes ser restaurador de obras de arte, director de un museo, galerista, crítico de arte, gestor cultural… Yo qué sé.

Hombre: Bueno, a mí lo que me interesa más es el diseño asistido por ordenador y la animación digital. Sería un sueño trabajar para un estudio como Pixar, ¿no crees?

Mujer: Sí, son increíbles los gráficos en tres dimensiones que crean el movimiento, las expresiones faciales de los personajes…

Hombre: No sé por qué la gente sigue teniendo la imagen de que los artistas son unos tipos bohemios que han nacido con un don especial y no necesitan estudios para ejercer su profesión.

Mujer: Hombre, no todo el mundo tiene ese concepto. Hoy en día la mayoría de los que se dedican o deciden estudiar Bellas Artes son personas con conocimientos de tecnología e informática y no solo de dibujo, pintura o grabado. La industria cultural es también muy importante. A mí me parece una decisión excelente, pero ¿estás seguro de que te van a admitir?

Hombre: ¡Vaya ánimos! A ver, según he visto, la nota sí me da para ello y creo que pasaré las pruebas de ingreso.

Mujer: Seguro que sí. La verdad es que tienes muy buena mano y haces unas caricaturas increíbles.

Hombre: ¡Gracias!

Roberto Feltri: barítono argentino

Entrevistador: Buenas tardes, queridos oyentes. Hoy tenemos el gusto de conversar con un gran barítono argentino Roberto Feltri, quien se ha ofrecido amablemente a ser entrevistado para nuestro programa. Me gustaría preguntarte, Roberto, si antes de tu elección por la lírica tuviste otras preferencias…

R. Feltri: Creo que en la vida de todo artista se suceden distintas etapas hasta encontrar la senda adecuada. Si bien me dieron instrucción musical desde muy pequeño -piano a los cuatro años y violín a los diez-, no pensaba, en esos tiempos, en el canto lírico como una meta. Tuve una etapa donde me dediqué a la plástica. Eso fue por los 70, más o menos.

Entrevistador: ¿Qué fue lo que te hizo cambiar una expresión artística por otra?

R. Feltri: El influjo de la música, cuando se instala desde temprana edad, no se va más de tus entrañas. Al contrario, aumenta cada día. Si bien un concierto sinfónico o vocal es la obra de arte más efímera, pues la exposición termina con el último acorde, lo que te moviliza interiormente -mientras se está ejecutando- no tiene comparación. El sonido te invade, la música te sacude y crea en tu mente las mil y una visiones y te habla del estado de ánimo que, imagino, tuvo el compositor en el momento de su creación. A eso se añaden tus propias emociones.

Entrevistador: ¿Por qué elegiste el canto, ya que tu base fue instrumental?

R. Feltri: Creo que venimos a este mundo dotados de forma natural para tal o cual actividad y yo comprendí que mi mejor forma de expresión era a través del canto donde me sentía más cómodo, más dueño de mí y donde me movía con mayor libertad.

Entrevistador: ¿Qué personajes te han dado mayor satisfacción en tu carrera?

R. Feltri: Todos. Tengo la suerte de poder decidir qué roles representar. Y los que elijo los siento muy intensamente. Indefectiblemente, todos tienen algo en común con mi personalidad. Siempre encuentro un rasgo de su carácter con el cual identificarme. De otro modo no podría interpretarlos: no sería creíble.

Entrevistador: Sin embargo, alguno debe ser tu preferido.

R. Feltri: Es cierto. Si bien a todos, tanto cómicos como dramáticos, los amo, hay uno al cual le he puesto mi vida cada vez que me tocó representarlo: Rigoletto.

Entrevistador: ¿Cómo lo ves?

R. Feltri: Como la máxima exaltación del amor filial. Un amor tan inmenso que lo lleva a la locura y al crimen. Y lo comprendo tanto porque de esa manera amo a mis hijos.

Entrevistador: ¿Cómo ves el panorama lírico en nuestro país?

R. Feltri: Totalmente dejado de lado. No hay de parte de las autoridades, que deberían ser las encargadas de apoyar, de estimular y promover inversiones en cultura e instrucción, ni un mínimo gesto de interés. Todo se hace a nivel privado, y eso, en la mayoría de los casos, reporta un sacrificio económico que no se recupera y la sensación es de estar luchando contra molinos de viento. A la larga produce hastío y muchos talentos se frustran o bien deben optar por emigrar. Es una situación injusta que parte indudablemente de una economía arrasada.

Entrevistador: ¿Crees que se puede revertir la situación?

R. Feltri: Cuando alguien con el poder suficiente comprenda que no solo es negocio apoyar una moda, que la cultura es el conocimiento de la variedad, para que luego, cada individuo, con criterio personal, no impuesto por discográficas que apuntan solo al lucro, elija su propio estilo, tal vez allí, comience a despuntar una sociedad más elevada, más libre y más equitativa.

Entrevistador: ¿Piensas que a la juventud le atrae el género?

R. Feltri: ¡Sin duda alguna! Basta con ir a cualquier función de ópera o concierto y ver la cantidad de jóvenes que asisten. Lo que sucede es que el pueblo no tiene oportunidad de hacerse oír y los intereses creados no quieren ver y escuchar los reclamos de los sectores que a ellos no les convienen. Es más fácil movilizar voluntades en la medida en que las vas sumiendo en la mediocridad y la desinformación. Analizá el nivel de lo que se escucha y se ve en los medios y compáralo con lo que se difundía tres, cuatro o cinco décadas atrás y el resultado es para horrorizarse. El descenso en la calidad y la ética fue brutal y hasta diría despiadado.

Entrevistador: Muchísimas gracias, Roberto, y que sigas cosechando siempre éxitos. Ha sido un placer tenerte en nuestro programa.

Adaptado de www.ompersonal.com.ar

DIÁLOGO 1

– ¡Qué barbaridad! Luisito es el vivo retrato de su padre.

– Sí, sí. Todos lo dicen y es verdad.

DIÁLOGO 2

– ¿Ya has terminado el relato, Federico?

– Sí, pero he sudado tinta para hacerlo.

DIÁLOGO 3

– El cuadro que has comprado es precioso, Pilar. Les va a encantar.

– Más vale, porque me ha costado un riñón.

DIÁLOGO 4

– La niña se ha empeñado en aprender *ballet* y vamos a inscribirla en la escuela de danza.

– Me parece muy bien que vaya. Siempre he pensado que tiene madera.

DIÁLOGO 5

– Qué portento de voz. Es un cantante maravilloso. ¿No te parece, Juan?

– Sí que tiene voz potente, sí, pero hace muchos gallos al cantar.

DIÁLOGO 6

– ¿Cómo has conseguido entradas para el estreno, Carlos? Pensaba que se habían agotado.

– La verdad es me las vi y me las deseé para encontrarlas.

DIÁLOGO 7

– No te pongas flamenco, Jaime. No lo soporto.

– No, Ana, no me pongo flamenco, pero me molesta que siempre quieras tener tú la última palabra.

DIÁLOGO 8

– Me ha encantado la conferencia, Rosa. Ha sido muy interesante.

– Sí, y además se veía que el conferenciante tenía muchas tablas.

DIÁLOGO 9

– Lucía, ¿por qué no traes también a tu hermano a la fiesta de cumpleaños?

– Mejor no, que está en esa edad en que montan escenas en público a la primera de cambio.

DIÁLOGO 10

– Este sábado hay un concierto de la orquesta sinfónica. ¿Vendrás, no?

– Sí, claro, porque tú lo digas, Yolanda… Como que no tengo nada mejor que hacer.

PRUEBA 3	Expresión, mediación e interacción escritas

Coleccionar

Coleccionar es reunir, acumular objetos, artísticos o no, relacionados por un denominador común más o menos preciso. Cualquier objeto por pequeño o aparentemente insignificante al que el ser humano ha dado una función puede ser coleccionable, desde cuadros de un gran valor artístico y económico hasta envoltorios de naranjas y caramelos o cajas de cerillas. Las categorías de «coleccionables» son tantas casi como los objetos que ha producido el hombre a lo largo de su historia.

Estoy seguro de que muchos de ustedes con interés, afición, pasión, tesón y sus propios criterios se han aventurado por esta apasionante actividad. Puede ser una pasión que puede convertirse en obsesiva, la necesidad de poseer es un motor esencial del coleccionista, pero que siempre será enriquecedora y que le dará grandes satisfacciones.

El coleccionista es por definición un personaje singular. Independiente, apasionado, dispuesto a correr riesgos, capaz de decidir sobre una adquisición con rapidez, de comprometer en ello su dinero y su gusto. Nunca es un personaje mediocre, al contrario, muchos de los grandes coleccionistas han tenido o tienen un carácter legendario acompañado a menudo de una aureola de leyenda.

Alrededor de la figura del coleccionista se han creado muchas aproximaciones, incertidumbres y malentendidos. Su papel es determinante en el mundo de la cultura, primero como creador de un patrimonio, del que se hace responsable como guardián y custodio. Cuántos miles de cuadros y objetos se han salvado y han llegado a nosotros gracias a ellos. En muchos casos ese patrimonio ha acabado mediante regalos y donaciones en museos públicos y en muchos otros ellos han creado sus propias fundaciones permitiéndonos gozar de sus colecciones adquiridas a lo largo de muchos años y esfuerzo. En segundo lugar, el coleccionista juega un papel esencial en la historia del arte y del gusto, muchas veces como mecenas de artistas o movimientos artísticos que sin su apoyo no hubieran tenido la importancia que tienen.

No olvidemos que, hablando de una manera general, el artista está fundamentalmente preocupado en su búsqueda, inmerso en su proceso creativo, pero su cuadro o su objeto carece de sentido sin un destinatario, ese es el coleccionista. Está claro que en este entramado de la producción artística y del mercado tanto el agente, que puede ser un galerista, un marchante, una casa de subastas o un anticuario, como el crítico juegan también un importante papel.

A partir de los años 60 y, sobre todo, en las últimas décadas la proliferación de galerías, casas de subastas, anticuarios, ferias, museos, salas de exposiciones, etc., refleja el creciente interés por el arte y el coleccionismo, en el que aparece una vertiente más especulativa y comercial. Estar al tanto a través de revistas especializadas, catálogos y hoy en día Internet es algo obligado ya que este nuevo mercado se mueve con una rapidez inaudita, y el coleccionista lo último que quiere es enterarse de que aquello que buscaba se ha vendido a otro coleccionista.

Las variaciones de precios pueden ser muy considerables y en ciertas categorías de coleccionismo, como los cuadros, los errores pueden costar muy caros. El coleccionista bien informado ha sustituido al *amateur* ilustrado de fines del siglo XIX y principios del siglo XX.

Como dice el especialista del coleccionismo Krzysztof Pomian: «Es posible -ya se ven los primeros síntomas- que el aumento en el número de donaciones y de museos surgidos de colecciones particulares o nutridos con frecuencia de estas, junto con un trabajo educativo a cargo de los organizadores de exposiciones y de la crítica, acabe por cambiar la actitud del gran público sobre los coleccionistas induciéndoles a darse cuenta de que son «los personajes centrales del mundo de las artes» y en términos más generales de la cultura».

Adaptado de www.servicios.elcorreo.com

EXAMEN 6

PRUEBA 2   Comprensión auditiva y uso de la lengua

Pista 26. Tarea 1, p. 128 (acento argentino)

Violencia en el deporte

El deporte es un instrumento de desarrollo social, vinculado al bienestar y la salud de la población, como también a los valores de autosuperación, lealtad en la competencia, reconocimiento del mérito, solidaridad, igualdad de oportunidades y lucha contra la discriminación.

Es también una oportunidad para canalizar el esfuerzo humano hacia fines sociales útiles y su promoción contribuye con la lucha contra flagelos tales como las adicciones, proporcionando ámbitos adecuados para que la juventud aplique y ejercite sus potencialidades físicas y mentales.

El estudio de la violencia es ya, en la sociología del deporte, un capítulo obligado. Incluso la sociología del conflicto suele detener sus pasos en el punto en que la violencia se desata. La atención entre quienes consideran que los hechos humanos son influenciados básicamente por el ambiente, es decir, por la sociedad (creencia que está en la base de la sociología), y quienes los atribuyen a factores biológicos sigue todavía en pie.

Ashley Montagu sostenía que «la naturaleza humana es buena. Lo malo es la educación humana. Tenemos que adaptar esta a las exigencias de aquella y desengañar a la humanidad del mito de la maldad innata del género humano»... Es probable que Montagu tenga razón, pero entretanto los sociólogos centran su atención en aquellos fenómenos actuales, todavía no resueltos por la educación, que constituyen un problema social. Y actualmente la violencia en el deporte parece que constituye claramente un problema social.

Los deportes han evolucionado y en su proceso de desarrollo se ha comprobado cómo la violencia se viene reduciendo sistemáticamente. ¿Por qué razón, entonces, nos preocupa tanto hoy el fenómeno de la violencia?

En primer lugar, desde luego, porque la ola de violencia en torno al deporte provoca daños personales, materiales y morales que son evidentes. Pero especialmente porque, a causa de ese mismo proceso civilizatorio, nuestro umbral de tolerancia hacia la violencia ha descendido, y aunque tanto en términos absolutos como relativos la violencia sea menos intensa que en otras épocas, nuestra sensibilidad es más elevada que antes.

En la medida en que todos los deportes competitivos, especialmente los de equipo, se basan en el enfrentamiento por un recurso escaso como es la victoria, es esperable que en el transcurso de los enfrentamientos se produzcan situaciones primero de coacción e intimidación, y, en último extremo, de violencia. De hecho, algunos de estos deportes, como el boxeo, la lucha libre y las llamadas artes marciales, se basan específicamente en la práctica de la violencia controlada.

Naturalmente, el descontrol de los niveles de violencia en los deportes violentos, o la aparición de fenómenos de violencia en deportes considerados no violentos, constituye un problema importante en la actualidad. La obsesión por el *fair-play* lleva a los profesionales del deporte a sensibilizarse cada vez más frente a un comportamiento violento o superviolento. Y ello incluye, por supuesto, los conflictos dentro de los propios equipos, que hacen que, aunque de forma menos habitual que frente a miembros de equipos rivales, se produzcan enfrentamientos entre jugadores de un mismo equipo, o entre estos y el entrenador. Estamos, en suma, frente a un proceso de tensión controlada, en el que diversas estructuras de polaridad actúan sistemáticamente, provocando tensión.

Hay además conflictos que responden a motivos situacionales como la falta de entradas o la frustración por una derrota, casi siempre interpretada como injusta por los aficionados del equipo perdedor. En cuanto a los desórdenes inmotivados, supondrían la existencia de violencia irracional. Pero no deja de ser cierto que a veces la celebración exaltada y alcoholizada de una victoria puede empezar festivamente, pero terminar como el rosario de la aurora si la masa festiva se encuentra con grupos que expresen rechazo a su ruidoso comportamiento, o con hinchas del equipo contrario.

Adaptado de www.oni.escuelas.edu.ar

Pista 27. Tarea 2, p. 129

Conversación 1
Mujer: ¡Anda! Mira, Jaime, aquí están las fotos de la boda secreta de Pepe Márquez y Rosi Prada en Cancún.
Hombre: ¿Secreta? Pero ¿cómo secreta si aparecen en la revista?
Mujer: Bueno, hombre, ya sabes que estos *paparazzi* están por todas partes y en cuanto te descuidas…
Hombre: ¡Bah! Eso no te lo creas. Seguro que avisaron a los periodistas. Te lo digo yo. Esta gente gana un pastón con estas exclusivas.
Mujer: Que no, que no. Que ellos son una pareja muy discreta. Seguro que se han escapado y los han sorprendido.
Hombre: Mira, unas fotos hechas «a escondidas» no se verían tan bien ni con tanto detalle. Estas se las han tomado de cerca, y seguro que con su consentimiento.
Mujer: ¡Ay!, que te digo que no, y en todo caso, pues estarían en su derecho, ¿no? Son jóvenes, famosos y buenos profesionales así que, que aprovechen ahora, que esto no dura siempre.
Hombre: No, no. Si por mí… Pero, desde luego, lo que no entiendo es cómo puedes comprarte esas revistas.
Mujer: Pero si yo no la he comprado, me la ha dado Maite, la peluquera, porque se le ha quedado antigua.
Hombre: Eso, encima una revista antigua… En fin… ya decía yo…

Conversación 2
Mujer: Y pasamos a echar un vistazo a la actualidad deportiva. Contactamos con nuestro reportero, Jaime. Buenas noches ahí en Buenos Aires. ¿Qué nos cuentas de esta temporada?
Hombre: Hola, Ana, buenas noches. Pues para empezar, digamos que después de un año de pura angustia por el bajo promedio, River terminó el año con optimismo.

Mujer: Sabemos también que el técnico ya avisó a los hinchas que, de entrada, solo debían aspirar a una campaña de 32 puntos. ¿No es así?

Hombre: Así es, y lo han conseguido, ¿y qué más? Bueno, sí, tenemos que comentar las exclusiones que se han producido como una prueba de lo que se pretende, o sea, disciplina y trabajo grupal.

Mujer: Sí, la verdad es que algunos parece que lo andaban buscando desde hacía tiempo, y dinos, ¿qué hay del tema de las entradas?

Hombre: Pues resulta que las entradas para ver los partidos entre Boca y River que se jugarán en las ciudades de Mar de Plata y Mendoza subieron considerablemente con respecto a los últimos años. Los precios oscilarán entre los 600 y los 800 pesos cada una.

Mujer: ¡Caramba! Una subida importante. Gracias, muchas gracias, Jaime. Despedimos aquí la conexión con nuestro compañero y pasamos ahora al pronóstico del tiempo.

Conversación 3

Mujer: ¿Qué hacemos este finde, Jaime?

Hombre: Pues no sé, la verdad. Quizá podríamos ir a Cadaqués. Hace mucho tiempo que no vamos por esa zona.

Mujer: A ver, déjame ver la previsión del tiempo... Mira, aquí dice que hay intervalos nubosos y rachas de viento en la zona del litoral. Así que mejor no, que la zona de la costa en esas condiciones y con viento es un poco desagradable.

Hombre: Ya. Oye, ¿y si subimos a esquiar?

Mujer: Es una opción. ¿A ver el estado de las pistas? Mejor lo miro en Internet, que la información está más actualizada, aunque no sabemos si cambiará el fin de semana. Ya sabes que unos días antes es un poco… Veamos. La Molina, Baqueira, Vall de Nuria, cerradas por mal tiempo. Solo Port del Comte está abierta, pero con nieve húmeda.

Hombre: Pues nada, la verdad es que tampoco me apetecía mucho.

Mujer: ¿Y si hacemos algo diferente? Una ruta temática, por ejemplo. Mira, el otro día Neus me dijo que habían estado en el monasterio de Poblet y les había encantado.

Hombre: ¡Anda! ¿Por qué no? Y además podemos visitar algunos pueblecitos y comer por allí. He oído que hacen un cordero estupendo.

Mujer: Pues ya está decidido. Ruta cultural y gastronómica.

Conversación 4

Mujer: Hola, Miguel, ¿qué haces?

Hombre: Pues, mira, aquí, esperando que acabe la pausa y ojeando las noticias mientras tanto.

Mujer: ¿Y qué? ¿Qué pasa en el mundo?

Hombre: Pues nada bueno, la verdad. Como siempre. Todo noticias tristes y de desgracias.

Mujer: Sí, la verdad es que últimamente…

Hombre: Mira, por ejemplo, aquí dice que un piloto español ha perdido la vida al estrellarse su avioneta mientras combatía un incendio al sur de Chile, en el sector de Santa Juana. Todavía no se sabe por qué, pero parece que el aparato perdió el control.

Mujer: Quizá la avioneta estaba en mal estado o hubo algún fallo de algún tipo. O puede que se acercara demasiado al fuego.

Hombre: Sí, puede ser. Lo peor es que dice que todavía no han encontrado el cuerpo del piloto. ¡Qué horror! Por cierto, la noticia comenta que este tipo de incidentes suelen ser frecuentes en esta zona.

Mujer: Pobre hombre, ¿y qué más?

Hombre: Pues, chica, no sé si seguir leyendo. A ver, ¿de qué quieres que te hable? Tenemos de todo, atentados, guerras, crisis económica…

Mujer: No sé, busca algo más positivo. Dame alguna noticia alegre.

Hombre: Pues la última que te doy tampoco es alegre: se acabó la pausa, ¡a trabajar!

Mujer: Ja, ja, ja... ¡Vaya! Pues esta última tampoco es muy buena que digamos.

Edurne Pasaban

Entrevistador: En 2004, Edurne Pasaban consiguió coronar la cumbre del K2 rompiendo así la maldición que parecía pesar sobre sus antecesoras, quienes dejaron su vida en el descenso de esta cumbre o en otros ocho miles. Edurne, eres la española con más cumbres alcanzadas, pero hasta llegar aquí has vivido experiencias únicas. De tu caja de memorias, sácanos el recuerdo más dulce y el más amargo.

Edurne: Me quedo con el momento que estoy viviendo ahora. Hoy no solo he superado el reto de acabar los catorce ocho miles, sino que además puedo vivir de lo que a mí me gusta.

El momento más duro es cuando pierdes un amigo o tienes un accidente. Recuerdo la expedición al K2 y todos los problemas que tuve en la bajada, incluso me tuvieron que amputar dedos del pie. Allí me planteé si valía la pena lo que estaba haciendo.

Entrevistador: ¿Qué es lo que os lleva a practicar un deporte tan arriesgado?

Edurne: Yo nací en un ambiente muy familiar. Estudié ingeniería y parecía que ya estaba claro cuál iba a ser mi futuro profesional, pero no me hacía plenamente feliz. La montaña, en cambio, era como un reto para mí y yo creo que en esta vida tienes que apostar por las cosas que tú quieres. Mi objetivo era conseguir vivir de este deporte, porque la montaña me apasiona y me da libertad.

Entrevistador: ¿En qué consiste tu preparación física?

Edurne: La preparación física me la supervisa el centro de alto rendimiento de Sant Cugat. Allí trabajo sobre todo la capacidad aeróbica, hago entrenamientos de larga duración, bicicleta por la mañana durante dos o tres horas y por la tarde voy al gimnasio o a correr al monte durante una hora y media. Dentro del CAR, también cuento con la atención médica y de los fisioterapeutas. Esto lo valoro mucho, porque el que te den unas pautas de alimentación y te ayuden cuando tienes cualquier problema de salud no tiene precio.

Entrevistador: En el año 2005, recibiste el premio del Comité Olímpico Español a la mejor deportista del año por ser la española con más cumbres alcanzadas hasta ese momento. ¿Qué sentiste al recibirlo?

Edurne: ¡Fue una gran satisfacción! Este es un paso más para conseguir que se hable de alpinismo, no solamente cuando hay una desgracia. No debemos olvidar que los que hacen alpinismo son deportistas superpreparados, cuyo objetivo es llegar a la cima de una montaña.

Entrevistador: ¿Cuáles son los problemas de salud que más pueden afectar a alguien que practica este deporte?

Edurne: Lo primero que se ve afectado, cuando estás a una gran altura, es la falta de oxígeno y esto provoca una atrofia en la musculatura. Por eso, no conviene ir *supercachas* porque el músculo te come el oxígeno y eso naturalmente no es lo que buscas. Debes conseguir un equilibrio a nivel muscular. Nosotros, además, tenemos un gran problema y es que nos alimentamos muy mal.

Entrevistador: ¿En qué consiste vuestra dieta cuando estáis en una expedición?

Edurne: Pues sencillamente en alimentos envasados al vacío y liofilizados por aquello del peso, pero al final te aburre tanto lo que estás comiendo que… Yo, personalmente, en el campo base me alimento bien, pero en altura como muy mal y eso hace que no rinda lo que tengo que rendir. De hecho, en la bajada del K2 me dio una pájara por no haber comido ni bebido nada durante cuarenta y ocho horas. Entonces, a 7 000 metros de altura me tiré y les dije: «¡Idos y dejadme morir aquí!»... porque no podía más. Dios mío, ¡qué experiencia! Sí, fue durísimo, ¡aquel día le vi las orejas al lobo!

Entrevistador: El 17 de abril de 2010 alcanzas la cima del Annapurna y un mes más tarde coronas el Shisha Pangma, completando así los 14 ochomiles. ¿Qué recuerdas de estas dos experiencias?

Edurne: Bueno, ha sido la culminación de un sueño. El Annapurna fue mi decimotercer ochomil. Ya había intentado ascenderlo en 2007, pero no pudo ser y en esta ocasión las cosas también se complicaron porque tuvimos que ir demasiado pronto y había demasiada nieve. Incluso no sabíamos si los porteadores que llevaban todo al campo base iban a poder subir también. Pero al final lo conseguimos.

El Shisha Pangma se consiguió en el quinto intento. Aquí también nos encontramos con algunas dificultades porque tuvimos que estar casi tres semanas esperando a que amainara el tiempo, pues la nieve y el viento no dejaban oportunidad de atacar la cima.

Entrevistador: Edurne, ¿lo próximo?

Edurne: Habrá otras cosas, y más montaña. Como ya he dicho cuando veo una montaña en cualquier parte del mundo, me salen las lágrimas, y algo suena dentro de mí. Eso quiere decir que es imposible dejarlo, ya que es un síntoma de mi propia felicidad.

Adaptado de www.siempreenplay.com

DIÁLOGO 1
– Oye, Luisa, ¿qué dicen en la tele sobre el tiempo para mañana?
– Pues parece que los chubascos remiten por el este y que bajarán las temperaturas en esa zona y en la sierra. Lloverá algo en el norte de la comunidad.

DIÁLOGO 2
– Paco, ¿qué hacemos esta noche?
– No sé. He visto en unos carteles del metro que estrenan un musical en la Gran Vía, pero déjame ver si hay algo más interesante en la cartelera.

DIÁLOGO 3
– ¿Cómo van las tensiones en la capital?
– Parece que los últimos tiroteos están deteriorando el clima político.

DIÁLOGO 4
– ¿Alguna novedad deportiva, Pablo?
– Sí, el Barcelona está a punto de hacer un fichaje histórico.

DIÁLOGO 5
– Y dime, Amadeo, ¿qué tal el partido de dobles? ¿Ganasteis o lo hicieron las chicas?
– No estuvo mal, al final hubo empate.

DIÁLOGO 6
– Mira, Carmen, ¿ese no es el juez aquel que llevaba lo de las escuchas ilegales?
– ¡Qué va!

DIÁLOGO 7
– ¿Qué tal el partido del domingo, Julio? ¿Cómo acabó?
– ¡No me hables! ¿Cómo quieres que acabara con el guardameta que nos ha tocado?

DIÁLOGO 8
– ¡Qué bien juega Felipe! ¿Verdad?
– ¡Psssst! ¡Siempre está lesionado!

DIÁLOGO 9
– Mira, Marta, aquí dice que han aparecido muertos cuatro tripulantes de una patera.
– ¡Madre mía! ¡Pobre gente!

DIÁLOGO 10
– Oye, Bruno, ¿se saben ya los resultados?
– Pues parece que Flores ha arrasado en las urnas.

PRUEBA 3   **Expresión, mediación e interacción escritas**

Periodismo ciudadano

Poco a poco, los diarios electrónicos han visto cómo aumenta tanto su número de visitas como el de consultas de sus páginas, convirtiéndose en una fuente de información global.

El concepto de *información* incluye la disponibilidad de los mensajes y el uso humano que se hace de ellos. Ahora bien, los medios de comunicación no son solo emisores de mensajes, sino también diversas instituciones sociales están implicadas en la trama institucional desde la que informan, para la que informan y sobre la que informan.

Los nuevos medios, más volcados en la construcción de democracia, ponen mayor énfasis en la fuerza de la participación ciudadana, más allá de los intereses empresariales, pero sin olvidarlos del todo.

Los últimos datos sobre páginas web hablan de más de dos mil millones de páginas web. Pero ¿quién escribe todo ese material? Son contados los casos en los que hay periodistas implicados en la producción de toda esa ingente cantidad de información que llega a la red.

Desde un punto de vista profesional, esta afirmación supone dar a entender que una gran parte de la columna vertebral de la sociedad de la información está en manos de gente que de repente se ha lanzado a la actividad comunicadora con un frenesí tal que se han convertido en los nuevos adalides de Internet.

Los weblogs, quizá el mejor ejemplo de esto que estamos afirmando, han democratizado la publicación en línea y han posibilitado a muchos informar y opinar en un formato que desmonta gradualmente los muros que cercan la participación en los medios en línea al foro o a una lista de distribución. Hoy día, las aportaciones de los lectores llegan a la información y millones de reflexiones, críticas y crónicas de lo que pasa a nuestro alrededor son publicadas cada día en páginas personales. Los weblogs han disparado en los últimos años el fenómeno de los diarios personales al facilitar el proceso de publicación.

Estamos ante el denominado *periodismo participativo* o *ciudadano*, pero qué entendemos bajo esta denominación. El término *periodismo participativo* define el acto de un ciudadano, o un grupo de ciudadanos, con un rol activo en el proceso de recogida, análisis y difusión de noticias e información. En el fondo subyace la idea de que la gente sea quien recabe la información y la transmita a otras personas.

Debates recientes entre profesionales de la información se centran sobre si este tipo de periodismo, llevado a la práctica de manera individual o colectiva, es un ejercicio periodístico y ha de ser considerado como tal. Y como establece José Luis Martínez Albertos, la información veraz -o información técnicamente correcta- tiene lugar cuando el mensaje cumple, acumulativamente, estas tres condiciones: es una noticia debidamente deslindada, es una noticia rigurosamente verificada y es una noticia adecuadamente contextualizada.

La pregunta que debe plantearse es si el periodismo ciudadano está en condiciones de respetar estas normas deontológicas, inseparables del propio concepto clásico de *periodismo*. No cabe duda que corresponde a aquellos lectores implicados en el proceso de recogida, análisis y difusión de la información el ganarse la credibilidad del resto de los lectores. Será la labor continuada del día a día, a partir de las aportaciones realizadas, las que le harán ganarse la reputación y el respeto de los demás.

Aun a riesgo de parecer alarmista, de acuerdo con lo hasta aquí manifestado, absolutamente discutible y revisable, en el momento actual el periodista corre el riesgo de verse apartado de su quehacer tradicional. Hay que ser conscientes de que es algo innovador, pero también es algo peligroso el hecho de que los lectores se conviertan en periodistas por un día. Parece claro que ante una audiencia cada vez menos pasiva, la vinculación del público en el proceso informativo será algo fundamental en el ejercicio periodístico del futuro inmediato. Algunos medios ya lo han entendido así y trabajan en esa dirección. Otros, por el contrario, aún se manifiestan recelosos de otorgar a sus lectores un protagonismo que no les corresponde. La cuestión está sobre la mesa y desde la brevedad de estas líneas no es posible hacer un análisis más profundo, que queda para un posterior estudio más detallado centrado en esta cuestión.

Adaptado de www.monografias.com

CARACTERÍSTICAS Y CONSEJOS

Pista 31. Tarea 1, p. 146 (acento mexicano)

Cambio climático

Deforestación, agotamiento de recursos naturales, búsqueda desmesurada de poder, consumo excesivo, incendios, agricultura… No hablamos de la sociedad actual, sino de la civilización maya, que desgastó su tierra con un consumo desmedido. La historia maya es la mejor analogía de la sociedad actual. ¿Se actuará para frenar los excesos? ¿Y para frenar el cambio climático? Por ahora, el camino es similar.

«Estamos repitiendo la historia», asegura Richard Hansen, arqueólogo en la Universidad Estatal de Idaho (EE. UU.), y presidente de la Fundación para la Investigación Antropológica y Estudios Medioambientales.

Los acontecimientos climáticos extremos, la propagación de enfermedades, el aumento de la pobreza y la sequía, el derretimiento de glaciares, las inundaciones, y la contaminación no son más que la señal del alcance del cambio climático que el ser humano está acelerando.

La civilización maya abandonó sus tierras desgastadas hacia otros lugares. La producción de cal para sus pirámides y la deforestación les obligó a migrar. «Fue un consumo conspicuo de cal. Solo para cubrir la pirámide del Tigre, por ejemplo, se requirió una deforestación total de 1630 hectáreas de bosque verde. Al deforestar el bosque, el barro natural se sedimentó en los subsuelos y arruinó la capacidad agrícola de los mayas, que consumieron su propia existencia.

Los «viajeros en el tiempo», como también se llama a los mayas, provocaron un cambio ambiental regional, pero «el nuestro es global, y afectará a 6000 millones de personas. ¿Dónde iremos? No nos queda más territorio», alerta Vida Amor de Paz, presidenta de la Fundación guatemalteca del Bosque Tropical.

Curiosamente el territorio que conoció la gloria maya, con sus conocimientos y ciencia, desde México hasta Honduras, sigue siendo una de las zonas más vulnerables al cambio climático. La fuerte dependencia de la agricultura, sobre todo para la producción de alimentos, el aumento o la ausencia de las lluvias, y la situación geográfica (entre los dos océanos) hacen de Centroamérica y el Caribe zonas vulnerables al cambio climático por el aumento del nivel del mar, los huracanes y otros acontecimientos climáticos.

Pista 32. Tarea 2, p. 147

Conversación 1
Mujer: Refugio Casa de los Acebos, buenos días.
Hombre: Sí, hola, buenos días, llamo para informarme sobre algunas cuestiones relacionadas con su establecimiento. He visitado su página web y me ha parecido muy bien ubicado y con excelentes instalaciones.
Mujer: La verdad es que el entorno es inigualable.
Hombre: Verá, somos un grupo de amigos que pensamos pasar unos días en ese valle y hacer algunas excursiones y estamos buscando un lugar que se ajuste a nuestras necesidades, es que somos un grupo bastante numeroso y…
Mujer: El número no es problema. En nuestras instalaciones se puede alojar un máximo de 40 personas.
Hombre: Genial, pero es que vamos con niños.
Mujer: Bueno, estamos en un paraje rodeado de naturaleza y ofrecemos unos servicios que nos diferencian de la mayoría de los establecimientos rurales, pues además de proporcionarles folletos y mapas con rutas, contamos con un equipo de monitores que programan actividades diarias para los más jovencitos: paseos a caballo, tiro con arco, escalada, talleres, juegos, etc.
Hombre: Vaya, eso suena muy bien. ¿Y cómo va el tema de las habitaciones?
Mujer: Tenemos habitaciones de seis, ocho y diez personas. Los niños pueden dormir juntos en habitaciones de seis u ocho plazas. Los horarios de comida son iguales para todos y se come en la misma sala en mesas de diez personas.

Hombre: Muy bien, así todos estaremos contentos haciendo lo que nos gusta y estamos tranquilos sabiendo que estarán atendidos. ¿Puede informarme también sobre los precios y la disponibilidad?

Mujer: Bueno, depende de la temporada y del número. Si le parece, me da su dirección de correo electrónico y le enviamos las tarifas según fechas.

Hombre: Perfecto. Tome nota: plmenendez4@yahoo.com.

Mujer: De acuerdo, señor Menéndez, mañana tendrá toda la información para que tomen su decisión cuanto antes. Recuerde que en caso de estar interesados pueden reservar también por Internet.

Hombre: Muchas gracias. Buenos días.

Mujer: Buenos días.

Pista 33. Tarea 3, p. 148 (acento mexicano)

Entrevistador: Buenas tardes, señor Rulfo. En primer lugar, le queremos dar las gracias por estar aquí. ¿Nos podría comentar un poco su formación como escritor?

J. Rulfo: Bueno, en realidad es un poco difícil buscar el origen de esa formación, ya que no fue formal, sino más bien arbitraria, si se quiere, basada en lecturas no sistemáticas sino de cuanta cosa me caía en las manos. Por lo tanto no hubo una disciplina formal, una búsqueda tal vez de algo que gustara, que tuviera aspectos humanos coincidentes.

Entrevistador: Díganos, entre estas lecturas más o menos caóticas, ¿había algunas obras que tuvieran alguna importancia especial?

J. Rulfo: Pues sí. Entre ellas, las obras de Knut Hamsun, las cuales leí -absorbí realmente- a una edad temprana. Tenía unos catorce o quince años cuando lo descubrí. Me impresionó mucho, llevándome a planos antes desconocidos, a un mundo brumoso, como es el mundo nórdico, ¿no? Pero que al mismo tiempo me sustrajo de esta situación tan luminosa donde vivimos nosotros, este país tan brillante, con esa luz tan intensa. Quizá por cierta tendencia a buscar precisamente algo nublado, algo matizado, no tan duro y tan cortante como era el ambiente en el que uno vivía.

Entrevistador: ¿Podría dar una idea de cómo llegó a encontrar la manera de escribir *Pedro Páramo*?

J. Rulfo: Pues, en primer lugar, fue una búsqueda de estilo. Tenía yo los personajes y el ambiente. Estaba familiarizado con esa región del país, donde había pasado la infancia, y tenía muy ahondadas esas situaciones. Pero no encontraba un modo de expresarlas. Entonces simplemente lo intenté hacer con el lenguaje que yo había oído de mi gente, de la gente de mi pueblo. Había hecho otros intentos -de tipo lingüístico- que habían fracasado porque me resultaban poco académicos o más bien falsos. Eran incomprensibles en el contexto del ambiente donde yo me había desarrollado. Entonces el sistema aplicado finalmente, primero en los cuentos, después en la novela, fue utilizar el lenguaje del pueblo, el lenguaje hablado que yo había oído de mis mayores, y que sigue vivo hasta hoy.

Entrevistador: ¿Cómo ve usted el hecho de que algunos críticos digan que *Pedro Páramo* es una novela oscura?

J. Rulfo: Bueno, para mí también, en realidad, es oscura. Creo que no es una novela de lectura fácil. Sobre todo intenté sugerir ciertos aspectos, no darlos. Quise cerrar los capítulos de una manera total. Se trata de una novela en la que el personaje central es el pueblo aunque algunos críticos hayan querido ver a Pedro Páramo en ese papel. En realidad es el pueblo, un pueblo muerto donde no viven más que ánimas, donde todos los personajes están muertos, y aun quien narra está muerto. Entonces no hay un límite entre el espacio y el tiempo. Los muertos no tienen tiempo ni espacio. No se mueven en el tiempo ni en el espacio. Entonces así como aparecen, se desvanecen. Y dentro de este confuso mundo, se supone que los únicos que regresan a la tierra (es una creencia muy popular) son las ánimas, las ánimas de aquellos muertos que murieron en pecado. Y como era un pueblo en el que casi todos morían en pecado, pues regresaban en su mayor parte. Habitaban nuevamente el pueblo, pero eran ánimas, no eran seres vivos.

Entrevistador: Esperamos que hayan disfrutado del programa de hoy y nos despedimos de ustedes hasta nuestro próximo programa.

Adaptado de la entrevista original publicada en Siempre!
La cultura en México, *a la que Juan Rulfo respondió por escrito.*

DIÁLOGO 1
– Oye, Chema, ¿me dejas el coche este sábado? Es que Merche, ya sabes, la chica de Roberto, da una fiesta en el chalé y no tengo forma de ir.
– ¿Otra vez? ¿Pero tú de qué vas?

DIÁLOGO 2
– ¿Qué tal la peli, María?
– Un poco flojilla, la verdad, aunque la banda sonora, todo hay que decirlo, se sale.

DIÁLOGO 3
– ¡Ay, Mario! ¡Qué frío! ¿No?
– ¡No pienso poner la calefacción! Me estoy ahogando.

PRUEBA 3   **Expresión, mediación e interacción escritas**

Pista 35. Tarea 1, p. 150

Conferencia de la escritora Espido Freire

Una de las maneras más frecuentes de discriminación es la que impone la dictadura de la llamada *literatura femenina*. Yo no sé si ustedes son aficionados a seguir las críticas literarias, pero, desde luego, cada vez que se menciona que un autor o una autora escribe literatura femenina inmediatamente se le está despreciando. Se entiende que *literatura femenina* es lo que leen las mujeres en sus casas; esas novelas un poco sentimentales, rosas, en las que existe una historia de amor. Pues bien, si atendemos a los datos actuales del Ministerio de Educación y Fomento, quienes están sosteniendo la cultura, la literatura, el comercio relacionado con los libros y con las revistas son precisamente esas *marujas* que leen en sus ratos libres.

Las mujeres en general somos, hoy por hoy, las mayores lectoras de ficción; otra cosa son los periódicos y los ensayos. Y las novelas de ficción se mantienen básicamente porque existe una población de mujeres que dedican su ocio, su tiempo libre, a leer, a inquietarse por otro tipo de historias, a cultivar una serie de sentimientos que tradicionalmente han sido siempre despreciados por una sociedad que se ha dedicado a esclavizar tanto a hombres como a mujeres mediante una serie de valores.

De hecho, los hombres han tenido que sufrir, como todos sabemos, la dictadura de la no expresión de emociones; no ya de sentimientos, ni siquiera de emociones. Creo que en la mente de casi todos ustedes estará ese recuerdo de algún miembro varón de la familia que no lloró en el entierro de su esposa, de su madre o de sus hijos, aunque estaba desgarrado por dentro, porque existía todo un mundo de connotaciones sociales despectivas hacia el hombre que era capaz de emocionarse: podía ser un payaso, un afeminado, alguien sin traza.

Bien es cierto que, por suerte, eso, poco a poco, va desapareciendo; mas se sigue observando con bastante recelo incluso a la mujer que expresa demasiado sus sentimientos. Se dice de ella que es una histérica, una mujer sin control, eso de «que crezca de una vez», y muchos siguen preguntándose por qué ha de mostrarse tan feliz; aunque, claro está, enseguida hay una justificación: «Bueno, será que tiene algún cambio hormonal». Ahí es cuando entra en juego la terrible frase de «estará con la regla». Es decir, que cualquier tipo de expresión de emociones, de sentimientos, tristeza, alegría, angustia, ha sido siempre despreciada tanto en hombres como en mujeres, algo sin lo cual la propia literatura no puede concebirse. Así que, en el fondo, no es de extrañar que, en muchas ocasiones, los hombres, incluso instintivamente, sin pretenderlo, rechacen esas historias de ficción a favor de novelas más documentadas, novelas históricas, ensayos, etc.; quizá porque han recibido una educación que les ha ido orientando hacia esa faceta. Lo que no quita para que exista, por supuesto, un gran número de estupendos lectores masculinos que han sabido eliminar de su mente ese tipo de presiones, que han disfrutado, desde un inicio, con la lectura y a los que les importa un bledo si los escritores y sus personajes son mujeres u hombres, si personas mayores o si personas jóvenes.

Extraído de http://servicios.elcorreo.com

SOLUCIONES JUSTIFICADAS

EXAMEN 1

PRUEBA 1. Comprensión de lectura y uso de la lengua

Tarea 1, pp. 8-9

1-B: Las academias y centros de formación [...] deben evitar utilizar términos o denominaciones confusas. [...] los estudiantes han de desconfiar de las academias que, en sus promociones, [...] induzcan a pensar que los estudios tienen algún reconocimiento oficial; **2-A:** [...] las academias tienen el deber de facilitar folletos informativos que es conveniente conservar [...], ya que la información contenida en ellos, aunque no figure en el contrato, es vinculante si se quiere formular una reclamación; **3-C:** En relación a su oferta, las academias tienen el deber de facilitar folletos informativos [...]. En ellos se debe detallar lo siguiente; **4-C:** Para evitar posibles problemas [...] conviene optar por una academia que permita el pago a plazos frente a otra que exija el pago previo de la totalidad del curso; **5-A:** En ocasiones, los contratos se firman en un lugar diferente al propio centro [...]. Si es así, debe recibir el contrato y un documento de revocación que le permite finalizarlo en un plazo de siete días sin alegar causa alguna; **6-A:** El estudiante debe conservar una copia del contrato firmado y de todos los documentos, facturas o recibos vinculados a este.

Tarea 2, pp. 10-11

7-C: Por otro lado, perciben que son juzgados por la sociedad y que esta les hace responsables de los problemas que surgen en el entorno académico...; **8-A:** En resumen, esta profesión está viviendo, durante los últimos años, un cambio de percepción por parte de la sociedad hacia este colectivo...; **9-F:** Psicosomáticos: fatiga crónica, cefaleas tensionales, trastornos del sueño...; **10-E:** Es necesario que la sociedad, en su conjunto, esté dispuesta a dignificar y empoderar el papel del docente en todas las etapas educativas...; **11-G:** Cuando estas técnicas no se aplican de manera adaptativa, el individuo tiene una sensación de incapacidad...; **12-B:** De esta manera, aplicarán estrategias activas como la búsqueda de apoyo social...

Tarea 3, pp. 12-13

13-B: Estos sistemas [...] de aprendizaje automático para traducir [...], ya sea para descifrar un menú en un país extranjero o para comprender un sitio web, son muchos los que los utilizan; **14-A:** «Muchos de quienes estudian inglés como segunda lengua usan la TA para apoyar su aprendizaje», afirma la investigadora. [...] se han convertido en una herramienta importante para quienes están aprendiendo una segunda lengua; **15-B:** [...] realizó una encuesta [...] preguntando cómo y por qué utilizaban aplicaciones de TA basadas en la web; **16-C:** [...] comprender si estas aplicaciones podían influir en el procesamiento cognitivo de los estudiantes, realizó un experimento [...]. El objetivo era ver si el comportamiento lingüístico en inglés de los participantes cambiaría tras usar la aplicación Traductor de Google; **17-B:** [...] después de ver que la aplicación de TA traducía la oración como [...] los estudiantes adaptaron su comportamiento lingüístico para imitar la estructura alternativa del Traductor de Google [...]. «Este experimento muestra que la exposición a una alternativa sintáctica en inglés puede conducir a que esa misma alternativa sintáctica se reutilice en discursos posteriores; **18-C:** Su innovadora investigación [...] ha inspirado proyectos que están investigando con pares de lenguas distintas al portugués y el inglés.

Tarea 4, pp. 14-15

19-F: [...] consigue crear un sólido programa de violín [...] que ilusiona a un montón de chavales que nunca habrían podido soñar con tocar el citado instrumento; **20-D:** [...] un profesor nada estereotipado que va como derrotado por la vida; **21-C:** [...] juega también con el elemento racial al colocar a un hombre de color en el ingrato papel de profesor; **22-D:** La exploración del dolor que ocasiona el matrimonio roto de los padres de Trevor; **23-B:** Deseosa de estar a la altura de su progenitor, consigue trabajo; **24-A:** Existen pocas películas que hayan conseguido llegar hasta el público tanto como esta impresionante y profunda creación; **25-E:** Lou Anne centra sus enseñanzas en la noción de elección, omnipresente en la película: la vida está llena de opciones y, en la medida que se elige, uno va haciéndose mejor o peor; **26-F:** La música es estupenda, e incluye una canción de Gloria Stefan, que interpreta también un pequeño papel.

27-C: *Dar cuenta de algo* = informar de algo; **28-A:** *Frente a* = al contrario de; **29-A:** *Época* es una palabra femenina y *quinquenio* no tiene sentido porque es más definido. Aquí el contexto parece referirse a algo no concreto, y aquel *entonces* tiene ese sentido = aquel *momento*; **30-B:** La opción del pretérito perfecto compuesto es la adecuada, porque si bien se está mencionando algo del pasado, en el punto siguiente se dice que «lo serán aún más», es decir, que *todavía*; **31-C:** *Remedio* = solución. Las opciones a) (*escarmiento* = sanción, penalización, castigo) y b) (*medio* = método, forma, fórmula, procedimiento) no tienen sentido aquí; **32-B:** *Revolucionar* = cambiar algo de forma violenta y profunda. *Revolver* = enredar, liar algo. *Rebelarse* = faltar de la obediencia; **33-C:** El contexto exige la presencia de un presente; algo que es habitual; **34-C:** La expresión es *día a día* = a diario, todos los días; **35-B:** *Vetar* = que no se puede usar, impedir su uso; **36-B:** *Aunar* = unir, armonizar. *Anudar* = atar con un nudo. *Amalgamar* = mezclar cosas de naturaleza contraria; **37-C:** *Lamentos* = quejas lastimosas. *Susurros* = ruido suave que se produce al hablar en voz baja. *Aullidos* = en este contexto equivaldría a chillidos; **38-A:** La elección del subjuntivo se debe a que depende de un verbo de influencia y aquí tiene un carácter futuro, de ahí que se elija el presente y no el imperfecto; **39-A:** *Motor* = máquina que mueve. *Maquinaria* = conjunto de máquinas, mecanismo que da movimiento a un artefacto; **40-B:** *Estar abocado* va siempre con la preposición *a*.

PRUEBA 2. Comprensión auditiva y uso de la lengua

Pista 1. Tarea 1, p. 18

1-A: [...] del actual siglo XXI, el mundo laboral ha evolucionado [...]. Esta transformación es consecuencia de las características que definen el actual modelo social y económico: avance tecnológico de los sistemas de información y comunicación [...]; **2-C:** [...] en la creación y producción [...]. El producto, solicitado por una empresa con sede en París, [...] diseñado en una ciudad del noroeste de España. La compañía [...] pudiera tener un centro logístico en los Países Bajos que recibe desde la factoría del norte de Italia el producto acabado y listo para su distribución [...]; **3-F:** Cada día son más solicitados, junto con la presentación del *curriculum vitae,* los certificados [...], documentos oficiales que acreditan el nivel de idiomas [...]; **4-G:** [...] queda patente la importancia del estudio y conocimiento de un segundo idioma para garantizar la mejora en la competitividad de las empresas; **5-H:** [...] el conocimiento de un segundo idioma [...], supone tener una mentalidad más abierta, más preparada para afrontar nuevos retos [...] es el primer paso para entender el universo cultural de las personas con quienes nos relacionamos; **6-K:** Qué mejor atención a la inmigración [...] que una persona [...] que pueda comunicarse y entender las necesidades de estos grupos [...] que desconocen su lengua, sus costumbres, sus instituciones, etc.

Pista 2. Tarea 2, p. 19

7-C: ¿Quién va a educar a un niño mejor que sus padres?; **8-A:** En el colegio aprenden también otras cosas: se relacionan, comparten, fomentan su creatividad, mejoran su movilidad jugando. […] aprenden a sociabilizar con otros niños; **9-B:** La mujer quiere un libro para regalar pero no sabe cuál; **10-A:** […] fue un rotundo éxito; **11-A:** A esas edades pocos son los jóvenes que han descubierto su verdadera vocación; **12-B:** No sé si una máquina; **13-B:** [...] solo se puede solicitar en septiembre adjuntando la certificación de tener aprobado el primer curso completo; **14-C:** […] el justificante de pago del banco.

Pista 3. Tarea 3, p. 20

15-C: [...] cuantos más años se tienen, mayor es el potencial para imaginar; **16-A:** [...] la imaginación tiene cinco fases: la somática, la mítica, la romántica [...] cuando somos bebés, estamos en la fase somática; **17-B:** […] el adolescente vive en la imaginación romántica [...], necesita pasar por un duelo cuando descubre que el mundo no es lo que pensaba; **18-A:** […] ¿Y dónde busca las respuestas? En los libros, en las conversaciones, fuera de sí misma; **19-A:** En absoluto. Neurológicamente eso no es posible; **20-B:** Mover el cuerpo [...]. El movimiento físico ayuda definitivamente a desarrollar las ideas, la creatividad.

Pista 4. Tarea 4, p. 21

21-B: *Quedarse en blanco* = olvidar repentinamente algo que se sabía; **22-A:** *Quemarse las pestañas* = cansarse la vista de tanto leer; **23-C:** *Estar chupado* = Ser muy fácil de hacer; **24-A:** *Dormirse en los laureles* = dejar de esforzarse tras haber conseguido algún triunfo o reconocimiento; **25-C:** *Matrícula de honor* = mención máxima que se otorga solo a quienes tienen sobresaliente; **26-B:** *Saberse algo al dedillo* = saber algo de memoria y perfectamente; **27-A:** *Hacer la vista gorda* = hacer ver que no se repara en una falta; **28-C:** *Tener morro* = ser un caradura, persona falta de vergüenza; **29-A:** *Hacer la pelota* = adular a alguien para conseguir algo; **30-B:** *Estar en las nubes* = estar ensimismado, despistado, sin prestar atención.

EXAMEN 2

PRUEBA 1. Comprensión de lectura y uso de la lengua

Tarea 1, pp. 30-31

1-A: […] será efectiva a partir de la fecha de inicio de su periodo de prácticas [...], manteniendo su vigencia durante todo el periodo de estos (de la beca); **2-C:** […] Reembolso del 100 % de los gastos [...], así como fármacos y medicamentos en el centro hospitalario; **3-A:** Esta póliza prevé el reembolso de los gastos de hospitalización y tratamientos médicos y dentales sujeto a los siguientes límites [...]. Los gastos de tratamientos psiquiátricos realizados por un profesional de la psiquiatría; **4-C:** Los gastos de o en relación con viajes o transportes (ambulancia u otros) están cubiertos si se utiliza un servicio de ambulancia profesional para transportar al asegurado; **5-B:** Gastos no cubiertos: […] Tratamientos cosméticos y de rejuvenecimiento. Está cubierta, sin embargo, la cirugía cosmética; **6-C:** Gastos no cubiertos: […] Los resultados directos o indirectos de explosiones, emisiones de calor o irradiación producida por una transmutación del núcleo atómico o por una radiactividad.

Tarea 2, pp. 32-33

7-G: Por su parte, la OMS ha tratado de delimitar el alcance de las medicinas tradicionales...; **8-A:** En una definición tan amplia caben numerosos procedimientos...; **9-F:** Para muchos médicos y farmacéuticos...; **10-B:** Los defensores de las medicinas complementarias...; **11-E:** También les resulta muy útil afirmar...; **12-C:** Por ello, la OMS ha tratado de sistematizar...

Tarea 3, pp. 34-35

13-B: […] que obtenían más del 40 % de sus calorías del consumo de grasas, presentaban el más bajo índice de colesterol y enfermedades asociadas [...]. La mayor parte de esta grasa procedía del consumo de aceite de oliva y de aceitunas y, el resto, de cereales, verduras; **14-B:** La dieta mediterránea, con su diversidad y composición, constituye el equilibrio perfecto para disminuir ambos riesgos contrapuestos; **15-B:** (La dieta de los cretenses) Fundamentalmente, se basaba en lo siguiente: El 10 % correspondía a alimentos fundamentalmente grasos; **16-C:** No tengamos miedo […] al jamón ibérico; **17-A:** No tengamos miedo a una dieta variada; **18-C:** El 60 % […] correspondía a los alimentos del grupo de los hidratos de carbono.

Tarea 4, pp. 36-37

19-F: La respiración bucal es una condición patológica que afecta al sistema respiratorio. Toda modificación en el comportamiento respiratorio nasal hacia el bucal viene acompañado de una serie de transformaciones funcionales; **20-E:** […] el cuerpo necesita una exposición razonable a gérmenes propios de nuestro entorno cotidiano para desarrollar sus defensas; **21-C:** […] aquellas personas con la espalda muy recta o plana [...] quienes tienen una curvatura marcada naturalmente; **22-D:** […] escuchar la música que más nos alegra favorece la buena salud cardiaca; **23-A:** Una buena forma física influye directamente en el metabolismo […] incluyendo el sistema nervioso y órganos como el cerebro; **24-B:** […] puede producir tos, congestiones nasales, irritaciones de garganta, ojos, piel... es recomendable mantener los niveles de humedad; **25-E:** […] el hecho de desarrollarse en un entorno muy higiénico durante los primeros años de vida puede contribuir a la aparición de ciertas enfermedades en la edad adulta; **26-A:** Es indispensable […] prevenir el cansancio crónico […] y evitar el sedentarismo.

Tarea 5, pp. 38-39

27-B: En esta oración relativa se necesita un subjuntivo, porque lo que se dice sobre las vacunas es incierto o no se conoce, es decir, aún no existe o no se conoce ese tipo de vacunas y no se sabe si existirán (por eso están investigando, para encontrarlas); **28-B:** *Contra* = para combatir; **29-C:** *Preparación* = fórmula, preparado; **30-A:** *Muertos* = sin vida. *Letal* = que puede causar la muerte. *Asesinar* se emplea con personas; **31-B:** *Prevenir* = impedir, evitar; **32-B:** *Como,* aquí, introduce una ejemplificación y equivale a *por ejemplo*. *Tal* y *que,* son comparativos y necesitan la segunda partícula de la comparación (*más/menos que*, *tal como…*); **33-B:** *Origen* = procedencia; **34-A:** Se necesita imperfecto de indicativo porque se está describiendo en el pasado; **35-B:** *Práctica* = hábito, costumbre; **36-A:** La expresión correcta es *contraer* enfermedades. *Doler* y *enfermar* no llevan complemento directo; **37-C:** *Le* (al niño), porque se necesita un complemento indirecto; **38-B:** *En honor* = en homenaje, va seguido de las preposiciones *a* o *de*; **39-C:** *La del*, porque se refiere a la vacuna del sarampión. La opción *la que* va seguida de un verbo; **40-A:** La expresión correcta es *de… a* (o *desde… hasta*).

PRUEBA 2. Comprensión auditiva y uso de la lengua

Pista 6. Tarea 1, p. 40
1-A: […] voy a hablar sobre el sentido del humor. La mayoría de las personas, cuando ve un título como puede ser el de hoy: *Sentido del humor y salud* piensan: «A lo mejor me voy a reír, a lo mejor esto puede ser divertido»; **2-D:** […] no se ha constatado científicamente que el sentido del humor se esté perdiendo […] pero hay una serie de tendencias que me hacen sospechar que esto es así; **3-G:** [...] lo que sí está constatado son los beneficios del buen humor para la salud; **4-H:** […] la risa es un analgésico natural; […] la risa es una de las mejores maneras de reducir el estrés; **5-J:** Sabemos que el estrés está asociado a toda una serie de dolencias [...] con lo cual tenemos una prueba de la relación indirecta que existe entre la risa, el humor y la salud; **6-K:** [...] la gente que es más optimista vive más y tiene mejor salud, o al menos se siente más satisfecha con su salud.

Pista 7. Tarea 2, p. 41
7-C: […] se vende sin receta médica; **8-C:** […] si ve que la tos persiste o que sube la fiebre, debería ir al médico; **9-B:** […] creo que es tan solo un tema de ansiedad; **10-A:** […] voy a auscultarlo […], respire; **11-A:** […] estaba considerando la posibilidad […] la verdad, todavía no me lo he planteado […] mejor me lo pienso con calma; **12-B:** Mejor me lo pienso con calma y ya volveré otro día; **13-B:** Quería saber qué tengo que hacer para apuntar a mis hijos a las clases de natación; **14-C:** Se paga una cuota mínima cada seis meses.

Pista 8. Tarea 3, p. 42
15-A: […] a los dieciocho años me lesioné el antebrazo y la mano izquierda y tuve que dejar de tocar. […] Después de pasar por todo eso, decidí tratar a otros músicos; **16-C:** El problema viene porque se sobrepasa el límite fisiológico; **17-A:** 40/50 minutos de música y 10 de paro automático; **18-A:** […] normalmente entre seis y siete horas como mucho; **19-B:** Todas las técnicas que trabajan el equilibrio entre mente y cuerpo son muy recomendables y saludables; **20-B:** […] parar de tocar […] no lo recomiendo nunca.

Pista 9. Tarea 4, p. 43
21-B: *El médico de cabecera* = el médico general del centro de salud; **22-B:** *Flemón* = inflamación de las encías; **23-A:** *Tener décimas* = tener un poco de fiebre; **24-C:** *Ser mano de santo* = ser un remedio rápido y eficaz; **25-A:** *Pasar a mejor vida*, en sentido irónico = morir, fallecer; **26-C:** *Empacho* = indigestión, hartazgo; **27-C:** Se considera que los médicos tienen una grafía poco clara y que no se lee bien; **28-C:** *Arcadas* = movimiento violento del estómago que incita al vómito; **29-A:** *Bazofia* = comida poco apetitosa; **30-A:** *Ser corto de vista* = ver poco, ser miope.

EXAMEN 3

PRUEBA 1. Comprensión de lectura y uso de la lengua

Tarea 1, pp. 52-53
1-B: […] solo un 2 % de las *startups* fundadas por mujeres reciben inversión de capital en Europa; **2-C:** […] si decidiste darte de baja por motivo de maternidad, y quieres inscribirte de nuevo menos de dos años después, tienes derecho a acceder de nuevo a la tarifa plana; **3-A:** Este préstamo […], destinada a fomentar el desarrollo empresarial en el ámbito digital; **4-B:** Esta ayuda se otorga mediante una plataforma dedicada a la formación *online*; **5-B:** Si la mujer está mucho menos presente en el mundo del emprendimiento en general, la brecha de género se hace más patente en el ámbito rural […], aquellos que están al frente de las empresas son fundamentalmente hombres; **6-B:** Programa […] de apoyo gratuito para impulsar el *e-commerce*.

Tarea 2, pp. 54-55

7-E: Sobre la larga mesa reluciente de caoba se extendían desperdigados todo tipo de informes...; **8-B:** Un silencio ahogó las voces de todos aquellos que poco a poco fueron ocupando los asientos al detectar la presencia de la «jefa»; **9-D:** Nuestro mejor cliente amenaza con dejarnos […]. O nos vamos a la mierda o resurgimos con más brío...; **10-A:** El susodicho Gutiérrez enrojeció al instante...; **11-C:** No estaba al tanto de las cifras, ni qué decir del público objetivo...; **12-G:** Transcurre un tiempo que a mí se me hace eterno, todas las miradas convergen hacia la cabecera de la mesa...

Tarea 3, pp. 56-57

13-B: Es fácil malinterpretar los comentarios improvisados o los intentos de decir algo divertido, por lo que es crucial que todas las comunicaciones de texto estén cuidadosamente redactadas; **14-A:** Tener confianza y estar familiarizado con la tecnología […] es especialmente importante cuando se trabaja a distancia. […] no querrás ser la persona que interrumpe los flujos de trabajo de tus compañeros; **15-B:** Para ayudar a los teletrabajadores con problemas técnicos […], algunas empresas se han asociado con talleres de reparación locales; **16-C:** Si quieres que se vea el trabajo que hiciste y recibir el reconocimiento adecuado, siéntate con tus supervisores […], de manera que quede claro cuándo se están alcanzando y excediendo las metas; **17-C:** Abrirte y relacionarte con tus colegas desde lejos puede resultar incómodo, pero se puede hacer de forma fácil y auténtica; **18-C:** […] las políticas de la compañía se harán más sensibles a las necesidades de los trabajadores remotos y más hábiles para integrarlos y respaldarlos.

Tarea 4, pp. 58-59

19-E: Una buena gerencia es responsable o no del éxito de una empresa; **20-C:** […] los pilares básicos: aprender a ser, aprender a hacer, aprender a aprender y aprender a convivir; **21-A:** […] el periodista digital ha de tener un conocimiento suficiente, pero no necesariamente experto de las herramientas; **22-D:** [...] centrar la atención en aspectos estructurales y permanentes, como las relaciones de poder de género, la discriminación y las desigualdades institucionales y estructurales [...] «La desigualdad es un problema urgente y complejo [...]»; **23-F:** Si bien este proceso no es nuevo […] nunca antes como en estos tiempos la tecnología ha ocupado un lugar tan destacado; **24-B:** […] reclama la atención de los padres los cuales deberán prestar la ayuda necesaria para escoger la formación que más se adecue a sus expectativas de vida; **25-C:** […] se aborda el concepto de la competencia laboral desde el punto de vista empresarial, psicológico y del diseño curricular en el proceso de formación por competencias […] puede extenderse a todos los profesionales; **26-E:** […] la capacidad que tiene de reducir al mínimo los recursos usados para alcanzar los objetivos de la organización.

Tarea 5, pp. 60-61

27-A: *Desgastar* = cansar, extenuar (referido a la persona). *Gastarse* y *consumir* no tienen sentido aquí; **28-B:** Para preguntar por el motivo o la causa de algo, se usa *por qué. Por que* es la combinación de *por* y el pronombre relativo *que* = por el que. *Porque* se usa para responder a una pregunta o explica una situación o circunstancia; **29-C:** *Les* (complemento indirecto: a ellos); **30-B:** *Exigente* = difícil; **31-C:** *Acababan de*, se necesita imperfecto de indicativo porque se está describiendo en el pasado; **32-A:** *Principal* = que tiene el primer lugar, el más importante; **33-C:** *Resolver* = solucionar; **34-A:** *Hallazgos* = descubrimientos; **35-B:** *Se vuelve* = se hace, en el sentido de *regresar al punto de partida* (concentrarse de nuevo es más difícil); **36-B:** *Al fin y al cabo* = a fin de cuentas, en resumen; **37-A:** *A largo plazo* = en un espacio de tiempo más lejano; **38-C:** *Aparece*, porque el hablante explica una circunstancia temporal habitual referida al presente; **39-B:** *Entrenar* = preparar, adiestrar; **40-A:** *Saber* = conocer, entender. *Ignorar* sería imposible, ya que significa *no saber* y el adverbio *no* ya aparece en la frase.

PRUEBA 2. Comprensión auditiva y uso de la lengua

Pista 11. Tarea 1, p. 62

1-A: ¿Nunca has contestado un correo de trabajo durante un evento familiar importante […]?, nuestros días están llenos de millones de pequeñas interrupciones de este tipo; **2-C:** […] enviado un mensaje de texto a su responsable desde el supermercado, o escrito un correo a un colega […], estas interrupciones conllevan un costo real […], juntos suman una pérdida tremenda de tiempo; **3-D:** La constante presencia laboral en nuestras vidas personales puede aumentar nuestro estrés y socavar nuestra felicidad; **4-F:** […] este tipo de interrupciones constantes suponen también un costo para las organizaciones [...], que pierden, anualmente, treinta y dos días de productividad debido a la depresión de sus empleados que, a menudo, son fruto del estrés y del agotamiento provocados por nuestra cultura de estar siempre activos; **5-J:** Otra (estrategia) puede ser crear límites claros para el tiempo libre; **6-L:** Una vez que descubras el profundo impacto que estos cambios pueden tener […]. Tal vez incluso se sientan inspirados también […].

Pista 12. Tarea 2, p. 63

7-C: Y, por otro lado, está embarazada de cuatro meses; **8-A:** ¿Cuántos años lleva trabajando?; **9-B:** ¿Qué piden? […] Tener el bachillerato; **10-B:** No tengo coche. Nada, hoy no es mi día; **11-C:** En fin, en ese caso, ¿tendría derecho a cobrar la prestación por desempleo?; **12-B:** Lo mejor es que vaya al INEM a consultarlo; **13-A:** […] mi hermano no sabe si quedarse o no con los nuevos propietarios; **14-C:** […] tienen que respetarle por entero sus condiciones laborales.

Pista 13. Tarea 3, p. 64

15-B: El circo busca, ante todo, gente profesional […] con mucha sensatez; **16-B:** La lengua de comunicación con todos es el inglés, pero en caso de que un artista no lo hable cuando empieza a trabajar allí; **17-A:** […] acompañar al artista desde su llegada […], porque son muchas las cosas que tiene que entender y asimilar. […] le orientamos en el laberinto de cosas que debe hacer a su llegada; **18-A:** […] en general hay una buena relación entre el artista y el intérprete; **19-C:** Lo que me gusta es que no hay espacio para el aburrimiento; **20-B:** […] era analfabeto y la esposa lo ayudaba con los documentos.

Pista 14. Tarea 4, p. 65

21-C: *Menos conocimientos* = menos formación; **22-C:** *Paro* = desempleo, estar sin trabajo; **23-C:** No cumplía ni con el requisito de formación ni con el de idiomas; **24-C:** *Currar* (coloquial) = trabajar; **25-B:** *Chapuzas* = persona que realiza obras o reparaciones de poca importancia; **26-B:** *Aplicaciones informáticas* está relacionado con los ordenadores; **27-B:** *Año sabático* = año de licencia con sueldo que algunas instituciones conceden a su personal; **28-C:** *Estar mano sobre mano* = no hacer nada, permanecer inactivo, es como *no dar un palo al agua* = no trabajar ni esforzarse; **29-B:** *Arrimar el hombro* = ayudar activamente a otros en un trabajo o en el logro de un fin; **30-A:** *Canguro* = persona que cuida a niños pequeños durante breves espacios de tiempo.

EXAMEN 4

PRUEBA 1. Comprensión de lectura y uso de la lengua

Tarea 1, pp. 74-75

1-B: El precio […], teniendo en cuenta las características del vehículo, el estado, la antigüedad; **2-C:** […] haciéndose este último (el comprador) responsable desde la fecha del presente documento de cuantas cuestiones pudieran derivarse del uso o posesión del mismo; **3-A:** El beneficiario de esta garantía es el comprador y usuario final del vehículo mencionado; **4-B:** Esta reparación se ajustará a las siguientes reglas: 1…, 2…, 3…, 4…; **5-B:** […] podrá exigir a su criterio la rebaja proporcional del precio del automóvil; **6-A:** Será responsabilidad única y exclusiva por la parte compradora, que […] el mismo esté provisto del correspondiente seguro para circular.

Tarea 2, pp. 76-77

7-D: Pero lo más asombroso es que muchos de esos avances tecnológicos...; **8-B:** El primer indicio que tenemos de ellos en el cine...; **9-E:** La integración de pantallas táctiles...; **10-G:** Desde aplicaciones de mensajería instantánea hasta redes sociales...; **11-F:** Gracias a los avances tecnológicos...; **12-A:** Debemos asegurarnos de utilizar estas herramientas de manera responsable...

Tarea 3, pp. 78-79

13-C: […] tiene sentido dedicar tiempo a considerar lo que queremos que hagan estos sistemas y asegurarnos de que abordamos las cuestiones éticas […] pensando en el bien común de la humanidad. Solo porque podamos, no significa que debamos; **14-C:** La IA es un gran ejemplo de un espacio en el que podemos construir lo que queramos; **15-B:** […] la IA no tiene ninguna conciencia en sí misma […] y, por supuesto, tampoco tiene empatía, algo fundamental en la ética, por lo que la única brújula moral que tiene es la del desarrollador; **16-B:** […] pero en algún punto de ese proceso ambos bots crearon su propio lenguaje para comunicarse entre ellos; **17-B:** […] la IA depende de su desarrollador para ser orientada y entrenada tomando en cuenta sus principios éticos; **18-A:** Es importante considerar la ética no solamente en los proyectos de IA, sino también en cualquier innovación en tecnologías.

Tarea 4, pp. 80-81

19-E: […] no es una novela de misterio ni de amor, tampoco es una novela de desamor; **20-C:** […] permite a los científicos y no científicos por igual; **21-A:** […] exploramos de la mano de los personajes de Conan Doyle los grandes descubrimientos de la física; **22-F:** […] demostrar científicamente cómo la felicidad se transmite a través de estímulos que producen descargas en nuestro cerebro; **23-B:** […] para ayudar a los niños a averiguar por ellos mismos cómo funciona el mundo; **24-D:** […] se abre una ventana hacia la forma en que se crean los pensamientos desde el recuerdo de las experiencias; **25-B:** […] un libro lleno de experimentos tan divertidos que puede que los niños no se den cuenta de lo mucho que están aprendiendo; **26-C:** […] ilustrado con casi mil reproducciones originales.

Tarea 5, pp. 82-83

27-B: *Dar un salto* = realizar un gran progreso; **28-C:** Se usa el presente porque nos referimos a formas de vida que sabemos que no existen ahora; **29-A:** Se usa el pretérito perfecto simple porque hablamos de un momento concreto del pasado, la Guerra Fría; **30-B:** *Escaparates* = lugares donde se muestra algo (el espacio es el lugar donde las naciones pueden exhibir su poder); **31-A:** *Se ha propuesto* = ha determinado, tiene el propósito de hacer algo. Tanto *decidirse* como *determinarse* irían seguidos de la preposición *a*; **32-C:** *Están interesados* = se interesan. *Tienen* debería ir seguido de un sustantivo (tienen interés). *Son interesados* (que obran o actúan en su propio beneficio) no tiene sentido aquí; **33-B:** *Tripulada* = con personas para su maniobra y servicio. Este verbo se usa con transportes como aeronaves, embarcaciones o trenes; **34-A:** Para expresar la distancia se utiliza *estar a*; **35-C:** El verbo *ser* se utiliza para definir o identificar algo, en este caso la Antártica. *Estar* no puede ir seguido de un sustantivo; **36-C:** *Hostil* = desfavorable y adverso; **37-B:** Se usa el condicional para hablar de probabilidad o hipótesis, como en este contexto; **38-A:** *Bajo* es una preposición = *debajo de; abajo* indica lugar situado en un plano inferior sin especificar cuál; **39-B:** *Cuyo* es un pronombre relativo para mostrar posesión (el origen del amoníaco); **40-A:** *Se hizo realidad* = se consiguió, se logró.

PRUEBA 2. Comprensión auditiva y uso de la lengua

Pista 16. Tarea 1, p. 84

1-A: Por miedo al contagio, a la salud o por mero entretenimiento, lo cierto es que muchas más personas optaron por caminar para realizar los trayectos que antes hacían en coche; **2-C:** Uno de los factores determinantes de este cambio es el envejecimiento de la población […]. Y los mayores fundamentalmente caminan; **3-E:** […] el 55 % de la población mundial vive en un entorno urbano […]. En 2050, llegará al 70 %; **4-H:** […] todo indica que el futuro reserva menos espacio para el vehículo particular; **5-I:** […] la tecnología ofrecerá multitud de opciones para moverse en ciudades inteligentes que gestionarán vehículos y espacios de forma eficiente; **6-J:** […] diferentes empresas […] operan en ciudades como […], proporcionando a sus usuarios acceso a un coche eléctrico 24 horas al día, siete días a la semana.

Pista 17. Tarea 2, p. 85

7-B: […] para hacer un traslado de línea telefónica […] necesito usar Internet en casa por el trabajo […] le pedirán […] el domicilio actual y el nuevo domicilio; **8-A:** […] le informarán sobre las ofertas actuales; **9-C:** […] los tranvías no tienen vibraciones, son veloces, silenciosos, cómodos; **10-B:** Venga, ¿quieres participar?; **11-A:** Porque vivo en una ciudad […] no sé cómo podría vivir sin contaminar; **12-C:** […] cada uno de nosotros es responsable del mundo en el que vive; **13-C:** […] en principio no hay límite; **14-A:** […] creo que tampoco es el caso.

15-C: […] podríamos aumentar la red de metro; **16-B:** […] no puedes pretender que la bicicleta cumpla un papel relevante; **17-A:** […] el problema está en los sectores rurales que están más aislados y requieren una conectividad que hoy en día no existe; **18-C:** […] sin ellas Santiago probablemente no funcionaría como lo hace hoy en día; **19-C:** […] el tema es el diseño, [...] pero dadas las particularidades del trazado, no se puede pretender que vaya a dieciocho metros de profundidad; **20-A:** Primero que todo se necesita información de calidad.

21-A: En este contexto, y por el tono, las expresiones *menuda* y *ser un golazo* = que gusta mucho, que es fantástica, estupenda; **22-B:** Por el contexto se entiende que la emoción es positiva; **23-C:** El tono al decir: «Tiene unas ideas...» expresa que la persona que habla no comparte esas ideas; **24-A:** La ironía se crea por decir lo contrario a lo que se piensa; **25-A:** La expresión *¡Y que lo digas!* significa que está de acuerdo; **26-B:** El comentario denota censura, decepción a lo publicado por el catedrático después de tanto estudio; **27-A:** *Anda que... ya podrían* indica que la persona que habla desea que las cosas fueran de otra manera; **28-C:** viento en popa; **29-A:** Es que a mí *esto de hablar así* indica censura, crítica; **30-B:** *¡Ya está bien! ¡Hasta aquí hemos llegado!* expresan irritación, enojo, que la persona ya no aguanta más la situación.

EXAMEN 5

PRUEBA 1. Comprensión de lectura y uso de la lengua

Tarea 1, pp. 96-97

1-B: […] el director te orientará explicándote hacia dónde desea encaminar el proyecto y, si no es así, deberías preguntárselo cuanto antes; **2-A:** […] es fundamental que conozcas el contexto de tu escena [...] tu personaje deberá estar conectado física y emocionalmente con ese espacio y tiempo anteriores [...]. La trama evoluciona y los diferentes momentos […] son los que dan dimensión a la escena; **3-B:** […] siempre existirá un conflicto, que es lo que llevará al personaje a hacer lo que hace […]. Ese conflicto hace que tu personaje tenga un motivo para tomar acción […]. Escríbelo […] en las notas de tu guion para recordártelo constantemente; **4-C:** […] se ha de interpretar el texto de una manera […] interesante, encontrar todo aquello que hace al personaje diferente y especial […]. Los buenos actores saben esto bien, y por eso consiguen darle a su personaje una profundidad; **5-A:** Debemos comprender los comportamientos de nuestro personaje, su punto de vista, lo que piensa en su interior, lo que siente y lo que esconde; **6-C:** Estudiarte un guion […] es entenderlo, es buscar todas sus dimensiones […]. Has de asegurarte de que entiendes todo al 100 % […], cómo suenan y fluyen las frases y cuáles son las palabras clave.

Tarea 2, pp. 98-99

7-F: En los principios de la humanidad...; **8-C:** El arte […] era la actividad social por excelencia...; **9-D:** El arte se ha convertido en una actividad separada de la vida...; **10-E:** El arte es una forma de expresión que va cambiando...; **11-A:** Solo tenemos que fijarnos un poco en las larguísimas colas...; **12-B:** La cultura no debe ser creada por una élite iluminada...

Tarea 3, pp. 100-101

13-B: […] (es probable que el impulso natural de bailar haya existido ya en los primeros primates antes de evolucionar en humanos); **14-A:** […] rastros de danzas ya en la época prehistórica, como las pinturas encontradas en […] Bhimbetka (India), con más de 10 000 años de antigüedad; **15-A:** Los primeros movimientos rítmicos […] en aquellas incipientes sociedades […], transmitiendo su legado de generación en generación; **16-C:** Fue en la antigua Grecia […]. Durante este periodo, el baile no solo tenía una connotación popular, sino también artística. […] aparece por primera vez en el teatro en géneros como la comedia y la tragedia; **17-A:** […] la Iglesia se encargó de marginarla del resto de las artes; **18-C:** No fue hasta el Renacimiento cuando se produjo la verdadera revitalización de la historia de este arte (el baile).

Tarea 4, pp. 102-103

19-D: Durante este esfuerzo sin precedentes de nuestro mayor escenario, pasaron por Montevideo las mejores compañías de *ballet* de la región; **20-F:** Con esta exposición se pretendía revalorar la herencia cultural peruana recreando un estilo de vida en artículos contemporáneos para el hogar; **21-A:** Toda esa tradición pictórica la recoge Rosado Muñoz en la muestra; **22-B:** […] llama a este estilo «Superflat» (Superplano), un término utilizado para describir la falta de profundidad perspéctica; **23-E:** […] hago una crítica de cómo percibo estos cambios de realidades que cada vez van con mayor velocidad; **24-C:** […] *Crónica fotográfica de medio siglo de vida española 1925-1975*; **25-A:** La imagen del cuerpo humano ha sido base, fundamento y motivo de inspiración; **26-D:** […] con más de 50 bailarines en escena.

Tarea 5, pp. 104-105

27-A: *Donativo* = dádiva con fines benéficos o humanitarios; **28-B:** *Mecenas* = persona que patrocina las letras o las artes; **29-B:** *Obtención.* Un título universitario no se adquiere ni se pide; **30-C:** *Dedicación* = compromiso, uno se dedica a una obra, destina su tiempo y esfuerzo a ella; **31-A:** La idea tiene carácter futuro, *será* (tras mucho trabajo); **32-C:** Un arquitecto diseña, hace los planos de los edificios; **33-A:** *Punto de mira* = centro de atención; **34-B:** *Crónica* = historia en que se observa el orden temporal; **35-A:** *Personajes* = personas distinguidas en la vida pública; **36-C:** *Tejen* = componen; **37-B:** *Relatos* = narraciones; **38-B:** El uso del pasado se debe a que se refiere a situaciones ya pasadas y concretas; **39-C:** *Le valieron* = hicieron que se ganara, le sirvieron para; **40-C:** *Rigor* = propiedad y precisión.

PRUEBA 2. Comprensión auditiva y uso de la lengua

Pista 21. Tarea 1, p. 106

1-A: La música es el motor y el espejo de nuestras emociones; **2-C:** Porque la música llega a nuestro cerebro a través del sistema límbico, que es donde se administran nuestras emociones, y forma parte de nuestro inconsciente, no de nuestro consciente; **3-E:** ¿Qué pasa cuando está sometido a una fuerte tensión emocional? ¿Somos capaces de pensar racionalmente? Pues parece que no, parece que nos cuesta mucho más pensar racionalmente; **4-H:** […] enfermos de alzhéimer, a los que sentaban a escuchar la misma cantidad de minutos de música agradable como de desagradable. […] Para trabajar los dos lóbulos de nuestro cerebro; el lóbulo derecho administra las sensaciones agradables y el lóbulo izquierdo las sensaciones desagradables; **5-J:** El lenguaje es un sonido […], lo procesamos racionalmente. ¿Qué es lo que no procesamos racionalmente? Los tonos de voz; **6-K:** Uno de los sentimientos que puede provocar la música y que todos reconocemos es el de tristeza, a pesar de la belleza de la música.

Pista 22. Tarea 2, p. 107

7-B: […] también ofrecemos formación de carácter general […] para todos los que están interesados en recibir una formación musical; **8-C:** […] No sé […] Seguramente pasaré por ahí; **9-B:** […] queríamos saber qué servicios ofrecen ustedes sobre reportajes de boda, qué incluyen, precios, etc.; **10-C:** aparte del vídeo y del álbum tradicional encuadernado con fotografías en papel les enviamos también cien fotografías de gran calidad en formato electrónico; **11-A:** Oye, estaba pensando comprar un cuadro para el salón; **12-B:** […] (es) muy diferente colgar un lienzo en una pequeña habitación entre un montón de muebles y objetos antiguos; **13-B:** No sé cómo decirles a mis padres que […]; **14-C:** […] los que se dedican o deciden estudiar Bellas Artes son personas con conocimientos de tecnología e informática […] dibujo, pintura o grabado.

Pista 23. Tarea 3, p. 108

15-B: Tuve una etapa donde me dediqué a la plástica; **16-B:** El influjo de la música cuando se instala desde temprana edad, no se va más de tus entrañas. Al contrario, aumenta cada día; **17-A:** Creo que venimos a este mundo dotados de manera natural para tal o cual actividad; **18-A:** Tengo la suerte de poder decidir qué roles representar; **19-C:** Basta con ir a cualquier función de ópera o concierto y ver la cantidad de jóvenes que asiste. Lo que sucede es que el pueblo no tiene oportunidad de hacerse oír; **20-B:** […] los intereses creados no quieren ver y escuchar los reclamos de los sectores que a ellos no les convienen.

Pista 24. Tarea 4, p. 100

21-C: *Ser el vivo retrato de alguien* = parecerse muchísimo; **22-C:** *Sudar tinta* = realizar un trabajo con mucho esfuerzo; **23-A:** *Costar un riñón* = ser mucho el gasto, ser caro; **24-B:** *Tener madera* = tener talento o disposición natural para determinada actividad; **25-A:** *Hacer gallos* = dar notas falsas y chillonas; **26-B:** *Vérselas y deseárse-*

las = costarle a alguien mucho cuidado o fatiga la ejecución de algo; **27-A:** *Ponerse flamenco* = tener una actitud chula, insolente; **28-C:** *Tener tablas* = desenvolverse con naturalidad y dominar una situación por experiencia y oficio; **29-A:** *Montar una escena* = comportarse de forma aparatosa y teatral para impresionar a los demás; **30-A:** *Porque tú lo digas* = digas lo que digas, aunque lo digas tú.

EXAMEN 6

PRUEBA 1. Comprensión de lectura y uso de la lengua

Tarea 1, pp. 118-119
1-B: [...] el deportista habrá de notificar a la dirección técnica [...] las pruebas de carácter nacional y concentraciones en las que vaya a participar. Dicha participación quedará supeditada al visto bueno de la dirección técnica; **2-B:** El director técnico consultará con este y con su entrenador personal para confeccionar conjuntamente el plan de programación anual; **3-A:** [...] está obligado a asistir a cuantos controles técnicos y médicos sean convocados por la FETRI; **4-A:** El deportista [...] debe utilizar el material [...] facilitado por la FETRI, tanto de calle como de entrenamiento y competición; **5-C:** El deportista ha de mantener un comportamiento correcto con los entrenadores, técnicos, deportistas y resto de personal federativo; **6-B:** Mantenerse en activo durante la temporada en curso en la práctica de la alta competición en la especialidad en la que se consiguió el resultado que dio acceso a la beca y/o ayudas, entendiendo como tal la participación en la temporada en el campeonato de Europa o del mundo que le dio derecho a la beca la temporada anterior. [...] tiene la obligación de tomar parte en todas las competiciones internacionales para las que sea seleccionado por el director técnico, así como en los campeonatos nacionales de su especialidad y categoría, en la prueba por la que haya conseguido la beca.

Tarea 2, pp. 120-121
7-E: Era la fuerza de ataque...; **8-A:** A medida que se acercaban al pueblo...; **9-G:** [...] absorto en sus pensamientos...; **10-C:** Uno de los cebras vino a Márquez...; **11-B:** Soldados disparando...; **12-F:** Y el campesino con ropas civiles...

Tarea 3, pp. 122-123
13-B: [...] no todos somos conscientes del peligro que entrañan para nosotros como individuos, para las corporaciones o instituciones en las que trabajamos y para la sociedad en general; **14-C:** [...] buscan perjudicar el buen nombre y las ganancias de particulares y empresas; **15-B:** Según un estudio del MIT, las noticias falsas tienen hasta un 70 % más posibilidades de ser compartidas que las verdaderas; **16-A:** En el centro de la responsabilidad social de las empresas están la transparencia y la responsabilidad, que derivan en gran parte de nuestra capacidad para comunicar con claridad; **17-C:** Uno de los objetivos para conseguir un desarrollo sostenible es crear [...] instituciones eficaces y transparentes que [...] garanticen el acceso público a la información y las libertades fundamentales; **18-A:** Las noticias falsas nos llevan, sin duda, hacia un mundo cada vez más dividido y fragmentado.

Tarea 4, pp. 124-125
19-A: Surgió entonces la idea idea de cronometrar [...] para averiguar qué motor era el más potente o qué piloto tenía un mayor manejo de la moto para batir la marca de sus rivales; **20-F:** El arte de luchar con una espada es casi tan antiguo como nuestra historia. [...] no se ha entendido desde sus principios como un deporte; **21-C:** [...] es una de las expresiones más destacadas de la cultura vasca; **22-D:** [...] en el que los asistentes hacían grandes apuestas; **23-B:** La necesidad de cruzar los helados canales durante el invierno hizo que se empezaran a utilizar pesados patines con cuchillas de madera; **24-E:** [...] por seguridad se practica habitualmente en grupo; **25-F:** [...] cada esgrimista estudia a su contrario, buscando sus posibles reacciones; **26-D:** [...] el capitán del equipo derrotado era castigado y flagelado en público.

Tarea 5, pp. 126-127
27-A: *Orientarse* = descubrir, reconocer o intuir el camino, dirección o ruta para llegar a un destino, lugar u objetivo. En este sentido, necesita la preposición *a* (o *hacia*); **28-C:** *Lucrativos* = que producen ganancias. La

expresión es *fines lucrativos*; **29-A:** *Respectivas* = correspondientes. *Sendas* = una para cada una de las personas o cosas mencionadas. *Ambas* = la una y la otra, las dos; **30-B:** En las estructuras pasivas, *por* introduce el agente de la acción (el sujeto de la acción *encabezar*); **31-A:** Dentro de los usos del presente está el de hablar de acciones en presente (presente actual), como es el caso; **32-C:** La locución correcta es *al igual que* = de la misma manera que; **33-A:** *Cumplir con* = satisfacer; **34-C:** *Se celebra* = tiene lugar; **35-B:** La locución adverbial *en cambio* se usa para indicar contraste, que es lo adecuado según el contexto. *Al revés* = al contrario (indica lo opuesto). *Al tiempo* = al mismo tiempo (indica acciones simultáneas); **36-C:** *Contar con* = disponer de. *Se compone* necesita la preposición *de*; **37-A:** *Convocatoria* = convocación, citación, llamamiento; **38-B:** Se necesita un relativo con preposición (*en* = indica tiempo) referido a años, *en los (años) que*; **39-A:** *Poner de relieve* = resaltar, destacar; **40-C:** Se refiere a Juegos Paralímpicos (masculino plural), por lo que la única opción es *en donde* = (Juegos) en los que.

PRUEBA 2. Comprensión auditiva y uso de la lengua

Pista 26. Tarea 1, p. 128

1-B: El deporte […]. Es también una oportunidad para canalizar el esfuerzo humano hacia fines sociales útiles y su promoción contribuye con la lucha contra flagelos tales como las adicciones; **2-C:** La atención entre quienes consideran que los hechos humanos son influenciados […] por la sociedad […] y quienes los atribuyen a factores biológicos sigue todavía en pie; **3-E:** Los deportes han evolucionado y en su proceso de desarrollo se ha comprobado cómo la violencia se viene reduciendo […] a causa de ese mismo proceso civilizatorio, nuestro umbral de tolerancia hacia la violencia ha descendido, […] nuestra sensibilidad es más elevada que antes; **4-F:** […] todos los deportes competitivos […] se basan en el enfrentamiento por […] la victoria; **5-H:** […] algunos de estos deportes, como el boxeo, la lucha libre […], se basan específicamente en la práctica de la violencia controlada; **6-L:** […] no deja de ser cierto que a veces la celebración exaltada y alcoholizada de una victoria puede empezar festivamente, pero terminar como el rosario de la aurora.

Pista 27. Tarea 2, p. 129

7-B: Seguro que avisaron a los periodistas; **8-A:** Son jóvenes, famosos y buenos profesionales; **9-A:** […] River terminó el año con optimismo; **10-B:** ¡Caramba! Una subida importante; **11-B:** […] intervalos nubosos y rachas de viento en la zona del litoral; **12-A:** […] me dijo que habían estado en el monasterio de Poblet […] ¿Por qué no?; **13-C:** […] un piloto español ha perdido la vida al estrellarse su avioneta; **14-B:** […] la última que te doy tampoco es alegre: se acabó la pausa, a trabajar.

Pista 28. Tarea 3, p. 130

15-C: […] rompiendo así la maldición que parecía pesar sobre sus antecesoras quienes dejaron su vida en el descenso de esta cumbre o en otros ocho miles; **16-B:** […] la expedición al K2 y todos los problemas que tuve en la bajada; **17-B:** Dentro del CAR, también cuento con la atención médica y de los fisioterapeutas. Esto lo valoro mucho, porque el que te den unas pautas de alimentación y te ayuden cuando tienes cualquier problema de salud no tiene precio; **18-A:** Este es un paso más para conseguir que se hable de alpinismo; **19-C:** […] me dio una pájara por no haber comido ni bebido nada durante 48 horas; **20-C:** […] el 17 de abril alcanzas la cima del Annapurna y un mes más tarde coronas el Shisha Pangma.

Pista 29. Tarea 4, p. 131

21-B: *Remitir* = disminuir, parar, dejar de; **22-C:** *Cartelera* = sección del periódico con información sobre espectáculos; **23-A:** *Tiroteo* = intercambio de disparos; **24-B:** *Fichaje* = contrato de un deportista; **25-B:** *Empate* = obtención del mismo número de tantos; **26-C:** *¡Qué va!* expresa negación; **27-A:** Por el contexto se entiende que la persona no está contenta con el resultado; **28-B:** María con esta afirmación (*¡Qué bien juega Felipe!*) indica que Felipe le parece un buen jugador; **29-B:** *Pobre* + sustantivo expresa compasión; **30-B:** *Arrasar* = tener un éxito extraordinario sin obstáculos.